"湖南省教育科学现代商科人才培养研究基地"研究成果

我国老年人体育服务社会支持系统研究

范成文 著

C²S K 湖南科学技术出版社

图书在版编目（ＣＩＰ）数据

我国老年人体育服务社会支持系统研究 / 范成文著. — 长沙 ：湖南科学技术出版社，2019.11
ISBN 978-7-5710-0358-6

Ⅰ．①我… Ⅱ．①范… Ⅲ．①老年人－社会活动 Ⅳ．①B844.4②R161.7

中国版本图书馆 CIP 数据核字(2019)第 028574 号

WOGUO LAONIANREN TIYU FUWU SHEHUI ZHICHI XITONG YANJIU
我国老年人体育服务社会支持系统研究

著　　者：范成文
责任编辑：何　苗
出版发行：湖南科学技术出版社
社　　址：长沙市湘雅路 276 号
网　　址：http://www.hnstp.com
湖南科学技术出版社天猫旗舰店网址：
　　　　http://hnkjcbs.tmall.com
印　　刷：广东虎彩云印刷有限公司
　　　　（印装质量问题请直接与本厂联系）
厂　　址：东莞市虎门镇北栅陈村工业区
邮　　编：523898
版　　次：2019 年 11 月第 1 版
印　　次：2019 年 11 月第 1 次印刷
开　　本：787mm×1092mm　1/16
印　　张：16.5
字　　数：186 千字
书　　号：ISBN 978-7-5710-0358-6
定　　价：50.00 元

内容提要

人口老龄化作为当前和今后相当长一段时期内我国社会发展的一个重要特征,将给我国经济社会发展带来全面、深刻、持久的影响,已成为影响国计民生与社会和谐稳定的重大社会问题。体育作为人口老龄化的便捷、经济、有效的应对方式以及老年人保持身心健康的理想途径,在我国社会发展的进程中必将发挥重要作用。然而,我国日益增长的老年人体育服务需求与相对不足的老年人体育服务供给之间的矛盾依然突出。因此,如何以老年人体育需求为导向,建立完善的老年人体育服务社会支持体系,以补齐老年人体育服务的"短板",满足老年人体育服务需求,成为当前社会发展迫切需要解决的问题之一。

本研究运用文献资料法、问卷调查法、访谈法和数理统计法等研究方法,结合我国老年人体育发展的具体实践,综合运用社会学、管理学、社会心理学、人口学、体育学和生命科学等多学科知识,分析我国老年人体育需求现状及老年人体育服务社会支持困境,借鉴国外的成功经验,立足中国国情,构建了我国老年人体育服务社会支持系统,并提出了我国老年人体育服务社会支持系统的实现路径。本文共分8个部分:

第1部分提出本文选题的背景、研究目的与意义,对国内外的文献进行综述与分析,明确研究的思路、技术路线及研究方法,提出研究的创新之处。

第 2 部分首先对本文研究的对象以及核心概念进行界定。把老年人界定为年龄在 60 岁及以上的人群，老年人体育服务泛指老年人在体育参与过程中所需要的各种体育产品与体育服务，一定程度上具有准公共产品的属性。社会支持是指对老年人体育发展的支持行为，本文的社会支持主体包括政府、社区、非政府组织等正式支持以及个人、家庭、邻里、朋友等非正式社会支持。其次，阐释本文研究中要用到的老龄化理论、魅力质量理论以及协同治理理论 3 种理论的内涵及主要内容。

第 3 部分梳理改革开放以来我国老年人体育政策的发展历程，分析这些政策的演进特征。研究认为我国老年人体育政策经历了四个阶段，即肇始阶段（1978 年至 1991 年）、探索阶段（1992 年至 1998 年）、发展阶段（1999 年至 2010 年）和深化阶段（2011 年至今），每个阶段表现出不同的特点；我国老年人体育政策演进的特征主要表现在制定主体范围不断扩大、内容更加具体及社会支持主体日益多元化。

第 4 部分主要内容是分析老年人体育活动现状及其需求层次。研究以湖南省的 2153 位老年人为样本，对参加体育活动的老年群体的基本情况、老年人体育活动现状以及老年人体育活动需求三个方面进行了问卷调查，通过问卷调查了解老年人体育活动及需求的基本情况。并在此基础上，基于魅力质量理论及 Kano 模型的分析，对湖南省老年人体育服务的需求层次进行了分析，明确了老年人的体育服务需求层次。

第 5 部分在第 4 部分的基础上分析我国老年人体育服务社会支持的困境，进一步明确老年人体育服务社会支持存在的问题。研究认为，我国老年人体育服务社会支持困境在于：正式社会支持主体未能发挥应有的支持作用；非正式社会支持主体未能提供足够的情感支持；体育设施供给不足，资源配置效率不高；体育信息服务匮乏，宣传推广方法不多，体质监测推广力度不够，面向老年人普及程度偏低，健身指导人才培养不足，宏观设计与后续管理缺乏，体育活动偏重赛事，其他活动形式不多，社会体育组织力量薄弱，社区管理人员专业性不强；支持形式单一，重单向指导，轻双向互动。

第 6 部分对老龄化比较严重的发达国家美国、德国、澳大利亚和日本 4 国老年人体育服务的社会支持进行了分析。研究认为 4 国老年人体育服务的社会支持表现出以下特征：多元主体协同推进老年人体育服务系统建设；政策法规保障老年人体育服务系统建设；社区组织供给老年人体育服务；体育指导员和志愿者服务于老年人体育；体育和医疗卫生部门共建老年人体育服务系统等。由于各国的体育管理体制、经济发展水平、文化传统、老龄化程度以及治理老龄化理念的不同，4 国的老年人体育服务又表现出不同的特点。

第 7 部分在明确问题和借鉴国外经验的基础上，确定了构建系统的 5 个基本理念：基于健康老龄化和积极老龄化的目标，基于协同治理的理论基础，基于政府"掌舵"与社会"划桨"相结合，基于老年人体育服务的需求导向，基于以社区为依托发展老年人体育服务的思路。构建了由宏观结构、微观结构、运行机制 3 部分构成的我国老年人体育服务社会支持系统。宏观结构上，这一协同支持系统的内容包括协同理念、协同规范、协同方式与协同主体；运行机制主要设计了行政机制、市场机制与社群机制三种机制；构建了"政府—社会体育组织—社区—其他组织—个人社会支持网"

五位一体的多元主体老年人体育服务社会支持系统微观结构。并从多元主体的确定、多元主体的角色定位、多元主体的责任分析3个方面重点阐释了微观结构。

第8部分在所构建系统基础上，提出我国老年人体育服务社会支持系统的实现路径，主要内容包括：政府明确自身职责，加大正式社会支持力度；培育社会组织参与能力，提升社会力量协同支持水平；拓展市场协同机制，丰富老年人体育供给；发展社区老年人体育，提升社区体育服务能力；支持老年人体育赛事，丰富老年人身边的体育活动；加强体育与健康信息服务，营造协同支持舆论氛围；弘扬传统美德，构建个人社会支持网。

目　录

1　导　论

1.1　选题背景

当前我国已进入老龄化社会，截至 2017 年底，我国 60 岁及以上老年人口为 2.41 亿人，占总人口的 17.3%。从 1999 年到 2017 年，我国老年人口净增 1.1 亿，2017 年新增老年人口首次超过 1000 万，预计到 2050 年前后，我国老年人口数将达到峰值 4.87 亿，占总人口的 34.9%[1]。这意味着我国老年人口几乎占全球老年人口的 1/4，每 3 个中国人中就会有 1 个老年人，人口老龄化形势十分严峻。人口基数大、人口老龄化加速将是未来我国社会发展所必须面对的基本国情。这一基本国情将全面、深刻而持久地对我国经济社会发展和社会和谐稳定造成重大影响。因此，积极应对人口老龄化将是我国的一项长期战略任务，能否有效应对不仅影响到各项经济社会发展目标的实现，还会影响到我国小康社会的建设以及中华民族伟大复兴中国梦的实现。

党中央、国务院高度重视人口老龄化问题，深切关注老年群体的身心健康。党的十九大报告中提出，积极应对人口老龄化，构建养老、孝老、敬老政策体系和社会环境，推进

---

〔1〕 央广网. 全国老龄办等 14 部门联合开展人口老龄化国情教育[EB/OL]. [2018 - 02 - 06]. http://china.cnr.cn/NewsFeeds/20180226/t20180226 524145068.shtml.

医养结合，加快老龄事业和产业发展的要求[1]。国务院连续下发了《关于促进信息消费扩大内需的若干意见》《关于加快发展养老服务业的若干意见》《关于促进健康服务业发展的若干意见》《"健康中国2030"规划纲要》《关于全面放开养老服务市场提升养老服务质量的若干意见》《"十三五"国家老龄事业发展规划》等一系列重要文件。仅2016年习近平总书记先后两次对加强老龄工作做出重要指示，提出及时科学综合应对人口老龄化。这些都为发展老年健康服务业、提高老年人的健康保障水平指明了方向、提供了良好的政策环境。

体育作为应对人口老龄化和保持老年人身心健康的一种便捷有效的途径，日益受到党和政府的高度重视。2014年国务院46号文件将全民健身上升为国家战略，并提出要推动全民健身与文化、教育、旅游、卫生、养老等行业的融合发展。2016年，习近平总书记在全国卫生与健康大会上提出要为老年人提供连续的健康管理服务和医疗服务，推动全民健身和全民健康深度融合；李克强总理在2016年的政府工作报告中指出，"十三五"时期，要推进健康中国建设，人均预期寿命提高1岁，形成全民健身新时尚，积极应对人口老龄化。2016年国务院印发的《全民健身计划（2016—2020年)》更是将全民健身定位为"健康中国建设的有力支撑"，全民健身首次融入建设"健康中国"的大格局中，凸显了体育在增强老年人身心健康、应对人口老龄化进程中的积极作用。同时，随着人民生活水平的不断提高，越来越多的老年群体意识到体育在推进健康关口前移、预防和治疗疾病、延

---

〔1〕 习近平.决胜全面建成小康社会夺取新时代中国特色社会主义伟大胜利[M].北京:人民出版社,2017.

长寿命等方面发挥着日益重要的作用，进而对体育服务产品和体育服务质量产生了强烈的需求。

然而，一方面由于我国地区资源禀赋、地理人口、发展基础存在差异，资源配置结构性不平衡；另一方面老年群体数量庞大，体育服务需求也日益复杂化和多元化，导致老龄体育服务供需矛盾依然突出；老年人体育服务的社会支持力量薄弱且各自为政，尚未建立起老年人体育服务的协同支持系统。这种状况同广大老年人过上幸福晚年生活的期盼差距较大。面对日益增长的我国老年人体育服务需求以及体育资源供给不足的矛盾，如何以老年人体育需求为导向，补齐老年人体育服务支持这块"短板"，需要尽快建立完善的老年人体育服务社会支持系统。

基于以上背景，本研究在了解我国老年人体育服务需求的基础上，从社会支持的理论视角深入探讨我国老年人体育服务问题，构建我国老年人体育服务的社会支持系统。

1.2 研究目的与意义

1.2.1 研究目的

在人口老龄化快速发展的新形势下，大力发展老年人体育，提高老年人的生活生命质量，已经成为全社会的共同期待。特别是根据我国未富先老、未备已老的特殊国情，大力发展老年体育事业，不仅是广大老年人的迫切希望，更是国家积极应对人口老龄化战略、低成本应对人口老龄化战略的重要组成部分。如何为老年人群体提供更高质量、更有针对性的体育服务，成为相关部门在推动全民健身过程中面临的新挑战和新问题。面对这些新挑战和新问题，学术界需要为相关部门的决策和实践提供智力资源。基于这种学术动机和价值取向，本文研究我国老年人体育服务社会支持旨在构建我国老年人体育服务的社会支持系统，提出老年人体育服务社会支持的实现路径，旨在通过这一支持系统满足新时期我国老年人体育发展的需求，促进我国老年人体育的进一步发展，为体育途径支持人口老龄化提供参考与借鉴。

1.2.2 研究意义

1.2.2.1 理论意义

1. 延伸社会支持理论的应用领域，丰富社会支持理论的相关内容

20世纪以来，我国对社会支持理论问题的研究从最初的只适用于"社会心理健康"领域扩大到为"弱势群体"提供帮助，这一理论被广泛地引入我国社会生活的各个领域。然而在体育领域诸多问题的研究还停留在"特殊群体心理健康"层面，缺少从社会学视角分析社会支持在弱势群体的积极作用，更缺少宏观层面上的社会支持体系研究，因此，本选题基于老年人体育服务需求现状，从社会支持主体、支持内容、支持形式、支持效果四个维度全面考察老年人体育服务社会支持状况，将大大延伸社会支持理论的研究视野，丰富社会支持理论的内容。

2. 拓展老年人体育研究视角，进一步推动中国的老年学研究

近几年国内关于老年人体育服务的研究主要集中在以下几个方面：一是生物学视角的研究，涉及锻炼负荷、锻炼方法等；二是心理学视角的研究，主要集中在锻炼兴趣、动

机、意识、态度、情感心理健康、心理因素等；三是社会学视角的研究，主要集中在现状调查、公共体育服务供需、影响因素和发展对策等。目前关于老年人体育服务的研究大多从公共体育服务视角即政府为老年人体育服务的唯一供给主体进行研究，而从社会支持视角考察老年人体育问题的研究很少。鉴于此，本研究从社会支持角度考察老年人的体育服务需求，并进一步构建老年人体育服务社会支持系统，可以丰富老年人体育研究的相关主题，为推进老龄事业发展和提高老年人生活质量提供理论支持，为政府和有关部门制定老年人体育政策和促进老年人体育发展提供理论依据，从而进一步推动中国老年学研究。

3. 拓展治理理论的研究内容，丰富和发展治理理论

20 世纪 90 年代以来，尤其是最近 10 年，治理理论广泛应用于我国公共事务与社会事务的管理。尤其是党的十八大以后，国家层面强调"国家治理现代化"，政府管理层面强调公共事务的"社会治理"。近年来鉴于我国公共服务与社会事务管理的复杂性，又提出公共服务与社会事务的"协同治理"。本文以协同治理理论为理论基础，构建由宏观结构、微观结构、运行机制三部分构成的我国老年人体育服务社会支持系统。这一研究必将在理论上继续发展治理理论，在研究内容上丰富治理理论。

1.2.2.2 实践意义

1. 积极应对人口老龄化

人口老龄化作为当前和今后相当长一个时期我国社会的基本国情，能否有效应对已成为关系我国未来发展的一个重大问题。20 世纪末，欧盟提出了积极老龄化的政策框架。2002 年联合国第 2 届世界老龄大会政治宣言中对积极老龄化的界定是：人到老年时，为了提高生活质量，使健康、参与和保障的机会尽可能发挥最大效益的过程[1]。2012 年北京举行的世界卫生日主题活动中，联合国人口基金驻华代表何安瑞表示，应推动建立各种支撑系统为老年人提供支持，使他们生活得积极和健康。健康是人类全面发展的基础，其作为一个国家人力资源的重要组成部分，对社会生产力的发展起着非常重要的作用。特别是随着民众生活水平的提高，新一代老年群体经济实力更强、文化程度更高，对生命质量和健康的需求、愿望将会更加强烈。体育作为一种提升身心健康、提高生命质量的有效手段，越来越受到老年群体的喜爱。因此，政府和社会保证、赋予老年人健康获得和体育参与的权利，让体育成为老年人的一种生活方式，可以让老年人有更多的获得感、幸福感，这无疑对积极应对人口老龄化具有十分重要的作用和意义。

2. 有效补充我国养老服务体系

在物质丰富而精神匮乏的当下，城市老年人养老的最大困境就在于老年人的精神需求难以得到有效满足。动员老年人培养某个方面的兴趣爱好，从而寻找新的精神支柱是一种有效的应对方式。2014 年国务院 46 号文件指出，要推动体育与养老服务融合，加强体育运动指导，推广"运动处方"，发挥体育锻炼在疾病防治以及健康促进等方面的积极作用。发展老年人体育健身运动，是增强老年人体质、丰富老年人精神文化生活、提高老年人生命质量的重要途径，也是实施"健康老龄化、积极老龄化"战略、有效应对人口老龄化挑战的重要举措。《老龄蓝皮书：中国城乡老年人生活状况调查报告（2018）》指出，我国约有三成老年人健康状况较好，

---

〔1〕 项龙.2002 年马德里政治宣言与国际老龄行动计划[J].国际社会科学杂志(中文版),2017(6):108.

一半老年人从不锻炼。因此，从社会支持视角考察老年人体育的社会支持情况，对于准确把握老年人体育服务需求，补齐老年人体育服务这一"短板"，从而提供更契合老年人体育需求的社会服务，以及建立和完善老年人体育服务社会保障体系等对于提升我国养老服务的理念层次，丰富我国养老服务的内容体系都具有重要的参考价值。

3. 推进"健康中国"建设

2015年，建设"健康中国"上升为国家战略，2016年习近平总书记强调"没有全民健康，就没有全面小康"，同年《"健康中国2030"规划纲要》进一步强调"健康是促进人的全面发展的必然要求，是经济社会发展的基础条件"。这些都凸显了国家对维护国民健康的高度重视和坚定决心。在健康中国战略中，健康不是孤立的，除了有病治病，还包括无病早防。体育健身属于非医疗干预健康的重要手段，与医疗卫生作为健康中国的重要组成部分，二者如鸟之两翼不可偏废。老年群体的健康素养远低于其他群体，且老年群体又是疾病高发群体，对老年人体育的投入可以大大减少老年人的医疗费用，可以说没有老年健康就没有全民健康，老年体育事业的持续发展，将在健康中国建设中发挥更加重要的作用。积极探索老年人参与体育的有效途径，满足老年人体育服务需求，营造健康居民的支持性环境，对促进老年人的身心健康，推进"健康中国"建设具有重要意义。

4. 助力小康社会的建设

当前我国已处于全面建成小康社会决胜阶段，正确对待和解决老龄化问题，对于我国全面建成中国特色社会主义小康社会有着巨大推动作用。全面建成小康社会的重要基础和前提之一是广大人民群众身体健康，而身体健康也是人民群众享受小康社会美好生活的基础和前提。在人口老龄化加速的当前，2.22亿老年人群体的健康状况将会影响全面小康社会的建成。体育对老年人的健康有着显而易见又不容忽视的作用。因此，了解老年人的体育服务需求，构建老年人体育服务社会支持系统，让全体老年人老有所安，老有所乐，老有所为是一项重要的民生工程，是让老年人享受尊重、关爱与服务的具体举措，更是全面建成小康社会的时代要求。

5. 满足老年人对美好生活的向往

党的十九大报告指出：当前社会的主要矛盾是人民日益增长的美好生活的需要与不平衡不充分的发展之间的矛盾。体育主要功能在于让人们通过参与体育活动增强体质、增进健康，达到提升生活质量和增强幸福感的目的。2013年习近平总书记又强调："全民健身是全体人民增强体魄、健康生活的基础和保障，人民身体健康是全面建成小康社会的重要内涵，是每一个人成长和实现幸福生活的重要基础。"党的十九大宣告了新时代的到来，同时我国也进入了老龄化快速发展期[1]。满足老年人体育服务需求可以有效提升老年人的幸福感，是满足人民美好生活需要的重要途径。在新时代背景下，进一步加强老年人体育工作，让老年人生活得更加健康、幸福，对于满足老年人对美好生活向往、实现中华民族伟大复兴具有重要意义。

---

〔1〕 新华网.十九大报告作出了"中国特色社会主义进入新时代"的重大判断〔EB/OL〕.http://www.Xinhua net.com/2017-10/19/c_1121823264.htm.

1.3 国内外研究现状

1.3.1 关于老年人体育的研究

1.3.1.1 关于体育锻炼与老年人身心健康的研究

1. 关于体育锻炼与老年人生理健康的研究

这一领域的研究主要包括以下几个方面：一是不同体育项目与老年人生理健康的关系。被列为中国武术之一的太极拳在我国一直有着较高的普及率和好评度，有研究认为持续而有规律地练习太极拳对提高老年人的身心健康水平、改善多种身体系统、强化身体姿势的控制能力和反应敏锐性等都有良好的效果，在对其功能的认识已经成为"常识"的今天，这方面的研究并没有取得多少有价值的成果；其他项目的研究状况也有些类似，如骑自行车、有氧健身走、游泳、慢跑、易筋经、广场舞、各种棋类以及球类活动等。Iwasaki[1]（1998）等人分析了老年人的心脏康复和血脂、肥胖指标上所受到的来自运动能力、运动训练诸因素的积极影响。Robinson[2]（2003）对美国老年人的调查显示，进行体育活动可以增强老年人上肢和下肢力量，提升身体素质。在总体上积极肯定的同时也有学者指出，鉴于老年人年龄和体质的特殊性，对他们在运动过程中的正确指导及运动后的评估尤为重要，否则就有可能对肌体造成

〔1〕 Iwasaki，Y.，Havitz，M. E.. A path analytic model of the relationships between involvement，psychological commitment，and loyalty［J］. Journal of Leisure Research，1998，30：256 - 280.

〔2〕 Robinson，J. D.，Turner，J.. Impersonal，interpersonal，and hyperpersonal social support：cancer and older adults［J］. Health Communication，2003，15：227 - 234.

伤害[1]。二是关注不同运动强度对老年人生理健康的影响。如朱寒笑指出中等强度的体育锻炼对老年人的心肺功能、肌肉力量、柔韧性、平衡能力和反应能力等均会起到一定的改善作用[2];王松涛、王安利等指出,大强度的有氧运动对于老年人并不能起到明显的降低血脂的效果,中小强度有效性要好[3]。与之相对的是,陈青等人[4](2003),安楠[5](2005)等研究表明体育锻炼强度控制不当不仅不能达到预期的效果,还可能对老年人的身体健康产生消极影响。三是老年人身体成分变化与体育锻炼的影响研究。有学者的研究认为体育锻炼总体上能改善老年人群的骨密度[6],控制血糖水平、降低糖化血红蛋白,提高和调节糖的代谢水平[7]、对心脏康复和血脂、肥胖指标都具有良好的作用[8]。埃文斯·威廉研究认为,鉴于老年人群功能状态低下,慢性疾病发病率高的事实,参与健身活动可以强化其身体功能,减少或扭转普遍的身体功能每况愈下的颓势,从而最大程度地提高晚年的生活质量。

---

〔1〕 李樑,邓陈亮.中老年人体育锻炼与体育锻炼风险——以风险认知为视角[J].中国老年学杂志,2013(22):5676-5678.

〔2〕 朱寒笑.老年男子健身锻炼适宜运动强度的研究[J].现代预防医学,2009(01):107-109.

〔3〕 王松涛,王安利,王正珍,樊晨光,安楠.不同强度健步走锻炼对老年男子身体成分和血脂影响的比较[J].中国运动医学杂志,2005(05):599-601.

〔4〕 陈青,土崇兵,龚云.中、老年人太极拳健身运动处方[J].中国体育科技,2003(05):54.

〔5〕 安楠,王松涛,王安利,等.中老年女性健身锻炼适宜强度的研究[J].体育科学,2005(08):62-66,74.

〔6〕 董宏,孟良,王荣辉.体育锻炼对中老年人群骨密度影响的 meta 分析[J].北京体育大学学报,2016(03):58-65,87.

〔7〕 陈吉棣,柳斯品,章硕,等.Ⅱ型糖尿病患者营养状况和走步锻炼对血糖等指数的控制作用[J].体育科学,2001(04):50-53.

〔8〕 朱雄伟,陈清江.老年女性心脏康复和运动训练的益处[J].国外医学,1998(01):40-41.

上述研究一方面肯定了体育参与能有效促进老年人生理健康各方面指标的提高，另一方面也指出过度的运动会给老年人带来这样那样的运动风险，甚至还可能造成不可挽回的后果，这就提醒老年人在体育参与的过程中要最大限度地规避风险，科学安排锻炼的时间和运动强度。然而究竟何种运动项目最适合老年人群、老年人的运动强度以多大为宜、各项运动的时间需要持续多久等方面仍缺少科学的论证；更复杂的是老年人个体之间的差异往往很大，不同年龄、不同性别、不同体质、不同目的、不同运动经历的老年人参与体育的项目、强度该如何定位也是摆在学者们面前的一个绕不过去的课题。

2. 关于体育锻炼与老年人心理健康的研究

随着年龄的增长和体质的衰弱，老年人不可避免地成为社会上一个特殊的群体，又由于社会交往和社会角色的改变，容易引起生理上的和情感上的失落。日本大阪教育大学朝井均教授认为，随着行为能力的削弱和社会交往的减少，老年人或多或少会滋生出孤独感，这种孤独感可能会带来各种精神上的压力，缓解压力的有效手段之一就是体育健身活动。而早在1994年，一份来自英国著名运动心理学家兰德斯和皮特鲁兹罗的研究报告就指出，经常参加体育健身活动能显著缓解人们的紧张情绪，减少焦虑的压迫，使心情轻松愉快。周成林等[1]（2003）的研究表明，整体上看，各项体育运动项目都对老年人的认知、情绪、人格和生活质量等带来积极的影响，不过其影响的程度却并不一样。具体而言，自行车、游泳以及慢跑等对老年人认知功能的提高效果明显，而气功、太极拳等

---

[1] 周成林,于晶,谢虹.不同身体锻炼方式对老年人心理效益的实验研究[J].天津体育学院学报,2003(1):51-53.

在调节情绪状态上更有成效。杨建辉等[1]（2011）的研究也表明，经常参加体育的老年人在情绪、认知、智力、人格、人际交往、幸福指数等方面都更胜一筹。王港等（2014）在基于情绪加工神经机制理论的基础上得出，定期开展健康教育、参加集体娱乐体育活动能有效减少老年人的孤独感和消极情绪[2]。陈治强（2016）在陕西省调查后发现，老年人群常见心理问题有躯体化、抑郁、焦虑、强迫、偏执等，而体育锻炼的作用效果则是因性别而异。体育锻炼对于老年男性，能较好地改善人际关系、焦虑和偏执状态；对于老年女性，在改善躯体化、抑郁和焦虑状态方面有明显效果[3]。

综上，体育参与在促进老年人心理健康方面作用甚大，这点已成学界共识。但对此的研究仍存在着缺陷和不足，具体表现为：一是研究方式上的"短平快"。缺乏对研究对象长期的、数年甚至数十年如一日的耐心细致的追踪研究。研究成果中许多仅仅是对特定时间、特定地域、特定状态下对某一特定样本的调查研究，所揭示的现象和得出的结论往往缺乏普遍性，研究的行为本身也不具有持续性；二是研究手段上的"拿来主义"。不少研究所用的思维方式、研究工具，包括仪器、量表、问卷调查等多是西方舶来品，不管青红皂白，不问是非曲直，拿来即用，这样的研究无论是其行为、动机还是其成果的普泛性、科学性上都是值得怀疑的。

---

〔1〕 杨建辉,吕林,吕牧轩.体育活动对老年人心理健康的影响[J].中国老年学杂志,2011(3):490-491.

〔2〕 王港,傅宏.基于情绪加工神经机制理论的老年人心理关爱[J].人口与社会,2014(4):76.

〔3〕 陈治强.老年人体育锻炼与心理健康相关性[J].中国老年学杂志,2016(16):4092.

1.3.1.2 关于老年人体育锻炼现状的研究

无论是理论还是实践研究都离不开对体育社会组织的发展现状和存在问题的探讨。只有深入了解了发展现状，才有可能发现存在的问题，并找到解决问题的合理方案。近十多年来，学界对老年人体育锻炼现状和发展问题的研究成果不菲。王雪峰、吕树庭（2004）针对广州老年人群体育活动的调查指出，与广州市民体育健身的高普及率相一致的是，广州市老年人体育认知普遍较高，活动频度和活动时间都明显优于同类城市，甚至接近美日欧等西方发达国家[1]。然而，在场所的使用上，广州老年人可选择性相对单一，可谓是见缝插针，主要是广场、公园以及居住地附近狭小的区域，与发达国家老年人多选择专门的运动场（馆）截然不同，反映了我国老年人群的低消费水平和公共体育设施的不足。郑敏（2007）的研究认为，老年人体育锻炼内容的选择具有低强度、多样性、简捷性、柔和性和低成本性等特征；老年人体育锻炼的时间选择具有高频率、长时间及稳定性特征[2]；莫再美[3]（2009）、魏文（2014）[4]、王红英[5]（2015）等的研究发现，城市老年人体育锻炼意识普遍较强，全面健身理念可谓深入骨髓，体育锻炼深入每一个角落，并日益成为生活中不可缺少的重要成分。北

〔1〕 王雪峰,吕树庭.广州市城区老年人体育生活的现状及未来走向研究[J].体育科学,2004(4):59-61.

〔2〕 郑敏.金华城市老年人体育锻炼行为特征研究[D].苏州:苏州大学,2007.

〔3〕 莫再美,何江川,李荣源.休闲体育行为对老年人的社会化价值研究[J].广州体育学院学报,2009(1):74-77.

〔4〕 魏文,闫斌.西安市老年人体质及社区体育状况调查[J].中国老年学杂志,2014(24):7056.

〔5〕 王红英,翟英姿.上海市老年人休闲体育参与的现状调查与研究[J].沈阳体育学院学报,2015(1):61-65.

京方面，据王俊琪等[1]（2012）统计，该市 77.2% 的老年人每天参加体育锻炼，比如散步、打太极拳等。在珠三角地区，肖海婷[2]（2013）调查显示，该地农村留守老人每次锻炼时间多为 30~60 分钟，每周 1~2 次，中等强度，呈现出中间高两头低的趋势。上海方面，张莹，王桂华（2013）采用多阶段整群随机抽样的方法抽取了上海市 3 个社区的居民进行问卷调查，并利用计步器收集其 7 天内体力活动数据，结果显示该市老年人仅 38.9% 达到了卫生部"日行一万步"的推荐量。据杜晓兵等[3]（2014）的研究，潮州市区老年人闲暇体育频率较高，多选择早晚两个时间段的户外运动，持续时间多在 2 小时之内，但有限的场地和简陋的设施影响了健身的效果。李先雄等[4]（2012）采用问卷调查、个案访谈等方法，对不同年龄段老年人群的体育锻炼的差异进行了分析与归纳。

以上研究可见，目前国内老年人体育锻炼领域研究的热点在于老年人体育锻炼现状及存在问题与对策的研究。学者们从不同的视角、不同的地域出发，对老年人群体育参与的意愿、运动时间、频率、强度以及场所等方面对其现状进行了研究，做了一些必要的基础性工作，获取了珍贵的一手资料，为我们以后的研究打下了良好的基础。不过需要指出的是，这些研究，多满足于问卷调查的形式，对调查结果多是大而化之的简单描述，缺少有深度的访谈和细致入微的剖

---

〔1〕 王俊琪,程亚利,张海洋.老年人参与公园休闲体育活动现状分析[J].城市问题,2012(9):74-77.

〔2〕 肖海婷.体育锻炼干预对珠三角农村留守老人心理健康的影响[J].体育学刊,2013(4):68.

〔3〕 杜晓兵,郑道凡.城市老年人闲暇体育行为的时空特征分析——以潮州市为例[J].广州体育学院学报,2014(4):16-19,35.

〔4〕 李先雄,杨芳.我国不同年龄群体的体育锻炼特征及发展对策研究——以湖南省为例[J].广州体育学院学报,2012(05):46-49,55.

析。在研究对象的选择上也略显单一，比如缺乏对特殊老年人群体育锻炼现状的调查与研究。

1.3.1.3 关于老年人参与体育锻炼影响因素的研究

对老年人参与体育锻炼影响因素的研究，不同时期有不同的观点。20 世纪许多学者的研究认为，影响老年人参与体育锻炼的主要因素是体育锻炼意识及对体育价值的看法，如姚大义等[1]（1996）的调查结论认为，老年人体育运动价值观的转变是决定其参与体育锻炼状况的最重要因素。进入 21 世纪后，许多学者通过实证研究，分析影响老年人参与体育锻炼的不利因素，将其归结为体育场地和指导等的缺失，然而也有一些研究指出正是由于有更多的老年人参与到体育锻炼中去，才会出现场地不够等现象的产生。解缤等[2]（2014）从锻炼收益、自我效能、意识觉醒、自我再评价、锻炼环境、人际援助等方面分析了影响老年人锻炼行为从行动前期到行动期，再从行动期到保持期转变的主要因素。李文川[3]（2014）研究认为，工具性因素是老年人锻炼绩效的主要社会支持因素；家庭、教育、经济、组织等社会支持与老年人体育锻炼绩效呈显著性正相关，但月收入、组织与老年人锻炼绩效具有较强的关联度，更具有实践意义。毛占洋[4]（2014）运用布朗芬布伦纳的生态系统理论，从微系

〔1〕 姚大义,高力翔.南京市老年人体育活动影响因素的研究[J].体育与科学,1996(4):22.

〔2〕 解缤,张敏杰,刘明静.跨理论模型用于城市老年人体育锻炼行为心理影响因素分析[J].内蒙古师范大学学报(自然科学汉文版),2014,43(02):251 - 255.

〔3〕 李文川.都市老年人社会支持与锻炼绩效的相关性[J].上海体育学院学报,2014,8(3):30.

〔4〕 毛占洋.生态系统理论视域下我国农村老年人体育锻炼影响因素分析[J].山东体育科技,2014,36(03):104.

统、中系统、外系统和宏系统等层次分析影响农村老年人体育锻炼的因素，得出其同时受到来自家庭、同伴等微系统、中介系统的直接影响以及社会、经济、文化等宏系统的间接影响的结论。King AC 等[1]（1995）的研究表明，随着年龄的增长，体力活动水平会下降，再加上美国和其他地方的人口老龄化，因此，环境和政策层面的干预措施显得日益重要，这些干预措施可能对整个人口产生广泛影响。Aleksandra[2]（2017）的研究表明拥有更广泛社交网络的老年人更经常从事不同的社交和休闲体育活动，他们也更愿意不断调整自身体育活动的项目。

因此，影响老年人参与体育锻炼的因素体现在主客观两个方面，主观上表现为老年人参与体育锻炼愿望的强弱，客观上场地、指导人员等条件也是影响其活动的重要因素。有鉴于此，为进一步提高老年人体育锻炼的参与度，研究者们均致力于从主客观两个方面提出改进方案，并在实践中取得了一定的成效。但值得注意的是老年人首先是一个的特殊的群体，相比其他年龄层次的人群，老年人个体之间差异包括健康、性别和城乡差异对体育参与行为影响更大；除此之外，他们的婚姻、收入、学历等也是影响体育参与不可忽视的因素。因此在未来的研究中需要更精确地划分老年人群体，区分诸如不同年龄段、不同性别、不同健康状态的老年人的体育参与行为。

〔1〕 King AC,Jeffery RW,Fridinger F,et al. Environmental and policy approaches to cardiovascular disease prevention through physical activity：issues and opportunities[J]. Health Educ Q. 1995,22:499 - 511.

〔2〕 Aleksandra Gotdys. Sport sector as a part of public policy for elderly people in selected EU countries[J]. Epidemiology Biostatistics and Public Health - 2017,Volume 14,Number 2,Suppl1:1 - 5.

1.3.1.4 关于老年人体育服务的研究

目前我国学术界关于老年人体育服务为数不多的研究主要集中在老年人体育服务需求与供给上。如庄永达等[1]（2009）认为老年人体育服务包含了组织管理、指导、场地设施和经费保障以及信息等的服务；王莉丽[2]（2015）从场地设施、健身指导、组织管理、体育活动、信息咨询、体质检测服务等方面对老龄化背景下我国城市体育服务供给提出了反思；刘霞[3]（2014）提出，建设城市社区养老服务体系中的健身服务，除了加大投入、增加健身设施，还应对老年人的体育锻炼加强科学指导与监督。更多的学者是选取某一省市对老年人体育服务进行研究，如廖建媚[4]（2008）对厦门市城市老年女性体育参与现状与需求情况进行了系统分析，研究认为厦门市老年女性对社区场地设施与健身指导均存在强烈的需求，尤其希望有专业的人员指导她们选择运动项目、开设运动处方、进行体育锻炼；施学莲等[5]（2012）通过对江苏十三个市县进行实证调查研究发现，老年人对公共体育服务的需求主要包括健身场馆、体育公共设施、体育活动组织者、社会指导员等方

〔1〕 庄永达,董立群.人口老龄化背景下浙江省城市社区体育服务发展策略研究[J].浙江体育科学,2009,31(05):18－21.
〔2〕 王莉丽.老龄化背景下我国城市公共体育服务供给的反思与优化[D].武汉:武汉体育学院,2015.
〔3〕 刘霞.体育对老年人健康需求的影响[J].中国老年学杂志,2014,34(15):4352－4354.
〔4〕 廖建媚.厦门市城市老年女性体育参与现状与需求情况研究[J].山西师大体育学院学报,2008(01):24－26.
〔5〕 施学莲,王正伦,王爱丰,等.从特惠到普惠:公共服务视野下江苏省老年人体育需求研究——基于江苏十三个市县的实证调查[J].南京体育学院学报(社会科学版),2012,26(04):68.

面；王占坤[1]（2013）的研究认为城市与农村老年人体育公共服务需求有所不同：城市老年人排在前 3 位的需求依次为体育指导服务、体育活动服务和体育设施服务，农村前 3 位的为体育设施服务、体育指导服务和体育活动服务。许晓峰[2]（2011）的调查结果显示，山东省城镇老年群体和农村老年居民对公共体育场地需求比例已经达到 78.5% 和 96.4%，对社会指导员的需求则分别为 88.2% 和 65.9%。

虽然目前学界对老年人体育服务的研究相对较少，但对老年人体育服务的主要内容已经有了一个较为统一的意见，即老年人体育服务的内容主要包括体质监测、体育活动、体育设施、体育组织、体育指导、体育信息 6 个方面的服务。需要改进的是现有的调查研究区域主要集中在江浙、山东、广州和厦门等经济发达地区，对中西部经济欠发达地区的实证研究则相对缺乏。

1.3.2　关于社会支持与体育活动的研究

在国外社会支持与体育的研究已经相对成熟，形成了较为系统的研究，对正式支持和非正式支持的关系也愈发清晰，特别是在社会支持与体育活动的理论支持上做了较为深入的探讨。在国内研究中社会支持出现在体育研究中的时间相对较晚，但是在体育中的应用也非常广泛，通过检索发现，主要集中在弱势群体这个范围之内，如青少年、大学生、妇女、农民工等。这其中既包括微观的某一群体的心理

---

〔1〕　王占坤．老龄化背景下浙江老年人体育公共服务需求与供给的实证研究[J].中国体育科技，2013，49(06)：70-80.

〔2〕　许晓峰．山东老年体育需求与体育发展战略研究[D]．济南：山东体育学院，2011.

健康研究，也含有宏观上包含个人、社会组织、政府的社会支持体系、系统的研究。这些研究主要集中在以下几个方面：

1.3.2.1 社会支持影响健康的理论研究

1. 自我效能理论

关于社会支持影响体育活动的研究，争论的焦点主要是两者之间因果关系的真实性问题。自我效能（self-efficacy）是指人们对自身能否成功地利用所拥有的技能去完成某项工作行为的主观推测和判断。它是美国著名心理学家班杜拉于20世纪70年代在认知心理学的影响下，在他对人性及其因果决定模式（三元交互决定论，探讨环境、人及其行为之间动态的决定关系）的理智把握中，提出的一个重要概念，并对这一中介过程做出了理论的解释。社会认知理论是建立在一种互惠决定论的基础上的，即行为、认知、其他个人因素和环境影响都是相互作用的，互为决定因素。根据社会认知理论，人类的动机和行为是预先考虑的。这种行为是基于两种类型的预期：结果期望和自我效能预期[1]。根据班杜拉的说法，自我效能是一种机制，它使一个人相信他/她能够在面对一组特定的环境约束时达到某种期望的行为结果[2]。从老年人坚持锻炼的角度来看。自我效能决定了一个人进行某种类型的体育活动的倾向，在采取行动过程中遇到障碍时所

〔1〕 Barbara Resnick, Denise Orwig, Jay Magaziner, et al. The Effect of Social Support on Exercise Behavior in Older Adults[J]. Clinical Nursing Research, Vol. 11 No. 1, February 2002, 11(1):52 - 70.

〔2〕 Rhodes, R. E., Martin, A. D., Taunton, J. E., et al. Factors associated with exercise adherence among older adults: an individual perspective[J]. Sports Medicine, 1999, 28:397 - 411.

表现出的毅力，以及最终感知到的健康结果（即成功或失败）[1]。自我效能感的显著性已经被作为一个预测因素和体育活动的结果进行了调查[2]，并与老年人的幸福联系在一起。自我效能预期是动态的，并通过4种机制进行评估和增强：积极的学习和掌握经验，成功地完成感兴趣的活动；社会支持提供口头劝说或口头鼓励，个人有能力从事感兴趣的活动；个人的间接经验使其从事特定的活动；与特定活动相关的疼痛、疲劳或焦虑等生理和情感状态[3]。自我效能理论认为，个体的效能期望（包括自我效能和结果期望）越强，他们就越有可能发起并坚持某一特定的活动。Fitzgerald（1994）认为自我效能和结果预期在老年人的体育运动行为的采用和维持中起着十分重要的作用[4]。一个老年人可能对体育锻炼有很高的自我效能期望，但是如果他或她不相信锻炼会改善健康、增强力量或身体功能，那么他或她就不可能坚持长期的体育锻炼计划[5]。有一些迹象表明，在老年人中，最初的体育活动自我效能水平可以预测随后的锻炼参与

〔1〕 Bandura，A. The explanatory and predictive scope of self-efficacy theory[J]. Journal of Socal and Clinical Psychology,1986,4:359 - 373.

〔2〕 McAuley,E. Self-efficacy and the maintenance of exercise participation in older adults[J]. Journal of Behavioral Medicine,1993,16:103 - 113. Garcia, A. W. and Kin, A. C. Predicting long-term adherence to aerobic exercise: a comparison of two models[J]. Journal of Sport and Exercise Psychology,1991,13: 394.

〔3〕 Bandura,A. Self-efficacy:The exercise of control[M]. New York: W. H. Freeman,1997.

〔4〕 Fitzgerald,J. ,Singleton, S. ,Neale,A. , et al. Activity levels,fitness status, exercise knowledge,and exercise beliefs among healthy,older African A-merican and White women[J]. Journal of Aging and Health,1994,6:296.

〔5〕 Barbara Resnick,Denise Orwig,Jay Magaziner,et al. The Effect of Social Support on Exercise Behavior in Older Adults[J]. CLINICAL NURSING RESEARCH，2002,11(1):52 - 70.

率。然而，至少在一项针对 20 岁至 85 岁女性的跨部门研究中发现，年龄与运动自我效能水平呈负相关[1]。

2. 计划行为理论

一般而言，个人对于某项行为的态度愈正向时，则个人的行为意向愈强；对于某项行为的主观规范愈正向时，同样个人的行为意向也会愈强；而当态度与主观规范愈正向且知觉行为控制愈强的话，则个人的行为意向也会愈强。根据 TPB 模型，个人是否打算执行某一特定行为取决于个人态度、遵守社会规范的愿望，以及对绩效控制程度的看法[2]。在这些假设下，老年人参与体育活动（行为）是由个人对锻炼（态度）、对社会可接受性的感知或他人对活动的压力的个人信念决定的，以及对活动的放松程度或难度的主观评价。根据 TPB 模型的主要原理，可以提出 SSL（家庭成员、朋友和熟人）系统在塑造老年人的健康行为方面起着核心作用。除了主观属性之外（也就是老年人的个人态度和看法），他们的 SSL 来源所持有的态度和期望，关于运动和身体活动的健康和幸福的结果，决定了参与者对活动的看法，以及这个人的实际表现（例如坚持锻炼制度）。

3. 社会学习理论

1952 年心理学家班杜拉提出社会学习理论，这一理论强调观察学习和自我调节在引发人的行为中的作用，重视人的行

[1] Wilcox S,Storandt M. Relations among age,exercise,and psychological variables in a community sample of women[J]. Health Psychol,1996,15:110 - 113.

[2] VonDras, D. D. Madey,S. F.. The attainment of important health goals throughout adulthood: an integration of the theory of planned behavior and aspects of social support[J]. International Journal of Aging and Human Development,2004,59: 205.

为和环境的相互作用。为促进增加老年人的身体活动，一项针对老年人体育活动的干预实验强调了基于社会学习理论的干预措施，干预措施使用行为或认知行为策略，而不是健康教育、运动处方或单独指导。所使用的策略包括目标设定、自我监测、反馈、支持、刺激控制和预防复发训练[1]。研究发现，用积极的自我暗示等认知和目标设定、应急管理及放松技巧等行为方法对慢性阻塞性肺疾病患者的老年人进行干预可以使他对体育锻炼产生更大的依赖性[2]。目标的认知行为策略是通过一系列的形式进行的，包括面对面接触[3]、发布指令[4]以及电话这样的中介渠道沟通[5]，在涉及老年人的研究中，对身体活动项目的持续电话监督被发现是一种有效的替代或补充现场教学[6]。电话教学通常与在家进行的体育活动相结合，与面对面的指导相比，在促进病人和健康老年人

〔1〕 Young DR, King AC. Exercise adherence: determinants of physical activity and applications of health behavior change theories[J]. Med Exerc Nutr Health,1995,4: 335.

〔2〕 Atkins CJ, Kaplan RM, Timms RM, et al. Behavioral exercise programs in the management of chronic obstructive pulmonary disease[J]. J Consult Clin Psychol, 1984,52:591－603.

〔3〕 Atkins CJ, Kaplan RM, Timms RM, et al. Behavioral exercise programs in the management of chronic obstructive pulmonary disease[J]. J Consult Clin Psychol, 1984,52:591－603.

〔4〕 Brawley LR, Rejeski WJ, Lutes L. A group-mediated cognitive behavioral intervention for increasing adherence to physical activity in older adults [J]. J Appl Biobehav Res,2000,5:47－65.

〔5〕 King AC,Pruitt LA, Phillips WT, et al. Comparative effects of two physical activity programs on measured and perceived physical functioning and other health-related quality of life outcomes in older adults[J]. J Gerontol Med Sci,2000,55:M74－M83.

〔6〕 King AC, Rejeski WJ, Buchner DM. Physical activity interventions targeting older adults: a critical review and recommendations[J]. Am J Prev Med,1998,15:316－333.

从事体育锻炼的习惯方面是比较好的。还有一项研究发现，在两年内使用相同的运动处方，通过电话监督的家庭体育项目比基于课堂的项目更优越[1]。此外还有一项研究表明，医生给定一个运动处方，通过家庭录像播放的形式，经过一年的实践，老年人对体育锻炼有更为明显的依赖性。几项研究还表明，即使正式的员工发起的接触和指导被终止了，但通过行为和认知策略促进老年人进行体育锻炼的指导仍然可以保持老年人持续参与体育活动。尽管很少有研究对老年人的身体活动变化进行全面的评估，但使用家庭录像播放或电话监督的个别指令已经显示出令人鼓舞的结果[2]。

4. 互惠性视角

尽管存在大量关于社会支持对支持者和接受者提供的知识，但关于社会网络提供这些好处的过程的研究证据仍然是不确定的，而且往往是相互矛盾的。虽然一些研究人员关注的是整个社会交换过程，也就是提供、接受和往复的支持，来研究社会支持机制对老年人健康的影响，其他的则主要依赖于社会交换的互惠性来解释这种关系[3]。互惠的概念仅仅基于在应对的背景下，支持给予者和接受者之间的相互关系。互惠框架基于社会支持的两个理论视角，即社会交换理

---

〔1〕 King AC, Haskell WL, Young DR, et al. Long-term effects of varying intensities and formats of physical activity on participation rates, fitness, and lipoproteins in men and women aged 50 to 65 years[J]. Circulation,1995,91: 2596 - 2604.

〔2〕 Friedman RH, Stollerman JE, Mahoney DM, et al. The virtual visit: using telecommunications technology to take care of patients[J]. J Am Informatics Assoc, 1997,4:413 - 425.

〔3〕 Lawrence, A.R. , Schigelone, A.R.S.. Reciprocity beyond dyadic relationships:aging-related communal coping[J]. Research on Aging, 2002,24: 684 - 704.

论和社会公平理论[1]。社会交换理论假定个人寻求通过人际关系获得利益和回报；社会公平理论认为，在给予和接受支持的过程中，双方都应获得同等的净收益，从而形成一个公平的联系[2]。社会交换和公平理论在解释老年人的社会支持过程中具有重要意义。社会支持研究的另一个显著特点是社会交流的特点：社会支持的类型、来源和组成部分。社会情感选择性理论解决了社会支持的人际互动的组成部分，它提出了成年人在晚年的互动减少可能是"终身选择过程的结果，人们通过这些过程来策略性地培养他们的社交网络，以最大限度地提高社会和情感的收益，并最小化社会和情感风险"。根据 Potts（1997）的说法，社会交往涉及一系列的社会合作伙伴，并导致大量的精神和身体上的好处和成本，这两种因素对老年人的相对重要性都有不同的影响，这取决于个人的生活轨迹[3]。根据这个前提，老年人选择社会联系或支持的类型取决于需要服务的功能。社会情感选择理论认识到社会支持的不同影响，因此是理解 SSL 对老年人身体活动、锻炼依从性和幸福感的差异的坚实基础。关于 SSL 的不同影响的知识将有助于将老年人首选的 SSL 类型与 SSL 源

〔1〕 Liang, J., Krause, N. M., Bennett, J. M.. Social exchange and well-being: is giving better than receiving? [J]. Psychology and Aging,2001,16: 511 - 523.

〔2〕 Lawrence, A. R., Schigelone, A. R. S.. Reciprocity beyond dyadic relationships:aging-related communal coping[J]. Research on Aging,2002,24: 684 - 704.

〔3〕 Potts, M. K.. Social support and depression among older adults living alone: the importance of friends within and outside of a retirement community [J]. Social Work, 1997,42:348 - 362.

或提供者所需的工作量相匹配[1]。

1.3.2.2 关于青少年、大学生体育活动的社会支持研究

社会支持与体育在青少年、大学生这一群体中的应用主要以心理学的调查为主，学者想通过社会支持与体育锻炼去改善青少年、大学生群体中存在的心理问题。如曹佃省等[2]（2009）在研究社会支持等因素对青少年课外锻炼的影响中发现，社会支持水平的高低、课外锻炼的态度等与青少年目前课外锻炼所处阶段呈显著正相关。陈开梅等[3]（2013）基于社会支持的心理健康效应和身体锻炼功能的双重效应，探讨身体锻炼对青少年心理应激的影响效应，认为社会支持既可以直接对心理应激起作用又可以间接起到中介变量作用。杨剑等[4]（2014）运用心理量表、数理统计等研究方法，考察青少年锻炼满足感与社会支持对运动承诺的影响及其机制，得出锻炼时间、锻炼满足感、社会支持和运动承诺变量之间相关均达到显著水平，锻炼时间越长，体验到的锻炼满足感越强，获得的社会支持越多，运动承诺也越高。崔冬雪等[5]（2005）的研究指出，社会支持是影响抑郁倾向重要因

---

〔1〕 Robinson，J. D. ，Turner，J.. Impersonal，interpersonal，and hyper-personal social support：cancer and older adults[J]. Health Communication，2003，15：227 - 234.

〔2〕 曹佃省，谢光荣. 社会支持在青少年课外锻炼性别差异中的作用[J]. 中国健康心理学杂志，2009，17(06)；702.

〔3〕 陈开梅，杨剑，董磊，等. 身体锻炼对青少年心理应激、应对方式与主观幸福感影响效应研究[J]. 成都体育学院学报，2013，39(10)：75 - 79.

〔4〕 杨剑，陈开梅，季浏. 锻炼时间对青少年运动承诺的影响机制——锻炼满足感和社会支持的中介作用[J]. 上海体育学院学报，2014，38(04)：69 - 73.

〔5〕 崔冬雪，刘希佳，何涛. 高师女大学生身体锻炼与社会支持、应对方式、抑郁倾向的相关研究[J]. 河北体育学院学报，2005(04)：66 - 68.

素，也是缓解突发应激事件的有效手段。吴永慧等[1]（2008）研究认为体育类大学生社会支持高于文科、理科大学生，并存在显著性差异。常彦君[2]（2012）对体育专业大学生进行调查发现，就业压力与心理健康之间存在着显著相关，社会支持对心理健康的影响同时具有主效应和缓冲效应。研究表明，父母的陪同和积极参与是影响孩子锻炼行为的最大因素，而同伴支持能够经由自我效能和运动愉悦的链式中介正向预测其锻炼行为[3]。教师和同学共同营造的积极氛围会对学生的体育活动产生积极的影响[4]。总之，在体育运动方面，来自家庭、朋友、同学和教师等各方面的社会支持越多，越能促进青少年体育锻炼的长期坚持[5]。

国内关于青少年群体、学生群体体育活动社会支持的研究仍局限在心理学范畴，主要是通过量表的形式，调查社会支持对其参与体育活动的影响。国外的研究更加注重非正式支持主体如教师、家庭、同学等对青少年群体、学生群体体育活动的影响。国内研究中尚需进一步深入的是对于社会支持系统中多元主体的关系以及整个系统的运作机制的研究。

〔1〕 吴永慧,李志方,曾玮. 我国大学生的社会支持与体育锻炼因素的相关性研究[J]. 山东体育学院学报,2008,24(12):65-68.

〔2〕 常彦君. 体育专业大学生社会支持、应对方式和就业压力对心理健康的影响[J]. 北京体育大学学报,2012,35(11):102-106.

〔3〕 Chen H,Sun H,Dai J. Peer support and adolescents'physical activity：the mediating roles of self-efficacy and enjoyment[J].Journal of Pediatric Psychology,2017,42(5)：569-577.

〔4〕 Warburton VE. Peer and teacher influences on the motivational climate in physical education：a longitudinal perspective on achievement goal adoption[J]. Contemporary Educational Psychology,2017,51:303-314.

〔5〕 Shen B,Centeio E,Garn A,et al. Parental social support,perceived competence and enjoyment in school physical activity[J]. Journal of Sport and Health Science,2016,10：1-7.

1.3.2.3　关于农民工、妇女体育活动的社会支持研究

在农民工、妇女体育的社会支持研究中，主要以构建这两个群体的体育社会支持体系为主。杨闯建[1]（2007）的调查表明：妇女参与体育锻炼寻求社会支持的结构和功能存在差异，她们更多是从亲朋好友同事邻居中获得归属感和情感上的支持，而政策、社区给予的支持相对较少。冷晓春等[2]（2009）通过对城市农民工体育健身的社会支持意义的研究，从政策、经济、精神、体育文化 4 个方面提出了对城市农民工体育健身的社会支持途径。朱寒笑、陈小蓉[3]（2010）的研究表明，制度性支持系统薄弱、社会组织支持匮乏、落后观念以及短视行为是导致农民工体育参与社会支持系统滞后的主要社会因素。对于一些群体来说，在一个结构化的锻炼计划中发生的仅仅是社会接触可能会增强身体活动的参与。在运动中，社会互动被发现是女性锻炼的一个重要决定因素[4]。与不同种族、民族的妇女进行的焦点小组研究发现，群体体育活动的社会层面是开始或维持身体活动习惯的一个激励因素[5]。对于因家庭和工作责任而缺乏时间锻炼的女性来说，在朋友和家人等非正式支持主体的支持下，似乎更容易实现参与体育活

---

〔1〕　杨闯建．城市妇女参加体育锻炼的社会支持的心理动因[J]．武汉体育学院学报，2007(02)：49－51，57．

〔2〕　冷晓春，张册，张明记．城市农民工体育健身的社会支持研究[J]．南京体育学院学报(社会科学版)，2009，23(03)：47－49．

〔3〕　朱寒笑，陈小蓉．关于构建农民工体育参与与健康促进社会支持系统的思考[J]．中国体育科技，2010，46(03)：10－18．

〔4〕　Gilette，P.．Self-reported factors influencing exercise adherence in overweight women[J]．Nursing Research，1988，37：25－29．

〔5〕　Clark，D.．Age，socioeconomic status，and exercise self-efficacy[J]．Gerontologist，1996，36：157－164．

动的想法。促进对所有类型的体育活动（休闲、职业和家务）的支持和鼓励，可以帮助女性发起和维持一种更积极的生活方式[1]。

对农民工和妇女这两大社会弱势群体体育活动社会支持的调查和研究有助于从微观上考察他们的特征和需求，并为增强其社会资本提供可靠依据。但是就现有文献而言，对此问题的研究尚处于仅限于个人社会支持网范畴来研究的状态，还没考虑把个人社会支持网与其他主体的社会支持结合来进行研究，也就是说没有把这两个群体的个人社会支持网纳入到一个更为宏观的支持系统之中，这样势必导致妇女和农民工群体无法获得除了家庭、朋友之外更广泛的社会支持的情况。

1.3.2.4　关于老年人群体的社会支持研究

在国外，社会支持被认为是与老年人体育活动行为密切相关的一个重要因素[2]。国外一些学者将老年人体育服务的社会支持分为正式支持和非正式支持两种类型。一份来自Kwan[3]（2016）的问卷调查发现，老年人得到的社会支持中，来自家庭的比重最大，其次是朋友和与之关系密切的其他人群，社会支持通过作用于老年人的心理健康而影响到总

〔1〕 Amy A. Eyler , Ross C. Brownson , Rebecca J. Donatelle , et al. Physical activity social support and middle-and older-aged inority women：results from a US survey[J]. Social Science & Medicine,1999,49:781.

〔2〕 Chogahara,M.. A multidimensional scale for assessing positive and negative social influences on physical activity in older adults[J]. Journal of Gerontology, 1999,54B:S356 - S367.

〔3〕 Kwan P, Ali A, Deuri S P. Psychiatric morbidity, quality of life, and perceived social support among elderly population:a community-based study[J]. Dysphrenia,2016,7(1):31.

体的健康状况。Barbara[1]（2002）的研究结果表明，与家庭或专家相比，朋友似乎对老年人的体育锻炼行为有更大的影响。尽管越来越多的人关注体育锻炼对老年人的好处，但许多家庭成员仍然不鼓励年长的家庭成员去锻炼，因为他们担心老人会摔倒、受伤或加剧潜在的慢性疾病。目前国内已有的社会支持研究中关于老年人体育的研究还不多见，在搜索的相关文献中只有3篇，分别是汪文奇（2007）的《我国老年人的体育需求及其社会支持系统的研究》、戴群（2012）的《体育锻炼与老年人生活满意度关系：自我效能、社会支持、自尊的中介作用》、李文川（2014）的《都市老年人社会支持与锻炼绩效的相关性》。

　　老年群体在需求上的多样性，决定了对其体育服务的社会支持的多主体合作的系统结构。也因为这个缘故，国外学者纷纷从社会支持的角度探讨影响老年人生活幸福指数和心理健康的诸多因素，分析了不同支持主体在支持老年人体育服务的作用，并着重分析非正式支持对老年人体育活动的影响。但国内在老年人体育服务社会支持这方面的研究还相对滞后。尽管全社会都在倡导重视老年人健康，并认为这是一项迫在眉睫的任务，但学者没有从社会支持的视角深入分析老年人体育工作，更没有深入探讨如何构建老年人体育社会支持体系的问题，这不能不说是一种遗憾。在人口老龄化如此严重的今天，探索老年人体育社会支持体系已刻不容缓。如何构建老年人体育服务的社会支持系统，并将其融入到养老服务这一大的范畴中去，形成

　　[1]　Barbara Resnick,Denise Orwig,Jay Magaziner,et al. The Effect of Social Support on Exercise Behavior in Older Adults[J]. Clinical Nursing Research, 2002,11(1):52-70.

大范围的医、养、体三者有机结合的系统结构是学者需要思考的问题。

1.3.3　文献评述

1.3.3.1　研究取得的成绩

学界关于与本课题相关的两个领域——社会支持与老年人体育的研究已经形成如下共识：

1. 老龄化背景之下的老年人体育研究成果丰富

人口老龄化背景下，老年人体育的发展引起了体育界的关注，在老龄化的初始阶段，大部分研究内容集中在体育与老年人的心理和生理效益等方面。进入 21 世纪以后，关于老年人体育的实证研究逐渐增加，研究领域逐渐向社会科学扩展，研究视角也发生了很大的变化，能够从多学科、多视角、全方位看待老年人的体育问题。这些研究为全面了解现阶段老年人体育生活状况提供素材，为指导老年人体育健身提供方法指导，对于促进老年人体育研究和实践的发展起到了很好的作用。并且我国首个研究老年运动健康问题的国家级专业学术团体——中国老年学和老年医学学会运动健康科学分会于 2016 年在上海体育学院成立，这将大大丰富老年人体育研究成果。

2. 老年人体育服务研究取得了一定的成绩

在老年人体育服务方面，研究成果主要集中在老年人体育服务需求与供给上。学界的研究普遍认为老年人对于体育场地设施与健身指导的需求较高，但目前供给严重不足；当前老年人的体育服务需求呈现多元化的样态，这些需求包括体质监测服务、体育活动、体育设施、体育组织、体育指导、体育信息 6 个方面；在城乡差别上，有学者的研究认为城镇老年群体和农村老年群体需求存在一定差别：农村老年群体对于场地设施需求很高，城市老年群体对于健身服务指导需求迫切；实证研究中，调查区域多集中在东部沿海地区，中西部经济欠发达地区研究不足。在需求研究的基础上，学界提出了加大投入、增加健身设施、加强健身指导、开设运动处方等老年人体育服务策略。这些研究结论为本书第 4 部分老年人体育服务需求现状的调查以及第 8 部分路径的提出提供了依据。

3. 社会支持理论视角下体育活动研究受到国内学者的充分肯定

随着社会的发展，国内外对社会支持的应用都已超越了原有"社会心理健康"领域的解释，现已用来泛指为弱势群体提供精神和物质资源，以帮助其摆脱生存和发展困境的社会行为的总和。目前国内外对于社会支持理论的应用范围也从单一的心理学，扩展到社会学、人口学、医学等各个研究领域。国外社会支持理论与弱势群体体育活动的研究也已经比较成熟，在社会支持与体育活动的理论基础、不同人群体育活动的社会支持等方面的研究都已经取得了较为丰硕的成果。

1.3.3.2 研究的不足之处

1. 老年人体育服务研究基础仍然薄弱

我国目前处于全面建成小康社会的决胜期，在全民健身、健康中国上升为国家战略的背景下，当前学界对于老年人这一特殊群体的体育服务研究还很不够，这与我国当前的老年人的健身热潮以及老年人作为我国全民健身主力军的身份是不相符的。相关研究主要集中在浅层与微观层面的老年人体育健身实践，以及影响老年人体育行为的生理、心理以及技术等方面因素，由于大多数研究使用的是横断面研究而非前瞻性研究，因此难以收集有关因素与体育活动之间潜在的因果关系。而且缺少关于老龄化条件下体育与经济社会运行规律、老龄事业、老龄产业发展规律的研究和把握，缺少关于体育如何与养老、医疗保健、社区服务等进行深度融合的深层次研究。

2. 人口老龄化背景下老年人体育服务需求研究有待进一步深入

人口老龄化在我国已经成为一个越来越迫切的现实问题，如何使老年人的晚年生活更加健康充实，已有越来越多的学者致力于老年人体育服务这一研究领域，并取得了相当的成效。但在研究的角度、研究对象、研究内容和方法上仍有一定的局限。比如现有研究多是对需求或供给单向度的研究，缺少对二者的整合和比较，没有体现出需求与供给的差距；这些研究也多为非随机抽样的小样本研究或个案研究，导致所得出的结论缺乏代表性。受限于经济发展水平，我国在老年人体育服务支持上仍存在供需不对等、总量不足、结构失衡等问题，使得服务缺乏吸引力，老年人潜在的体育服务需求无法得到充分满足。这就需要我们对老年人体育服务需求进行精准识别，以便在服务供给中采取优先策略。在现有研究中缺乏对老年人体育服务需求精准识别、老年人的体育服务需求层次的探讨。

3. 老年人体育领域的社会支持问题研究不足

21 世纪以来，心理学、医学、社会学等领域对社会支持理论已经很多，也取得了丰硕的成果。体育领域的社会支持研究也处于蓬勃发展的状态，但目前而言多集中在妇女、大学生、青少年，缺乏关于老年人这一弱势群体的针对性研究。目前只有少数学者和少数几篇文章进行了这方面的研究。并且这些研究也是从社区、组织和国家等正式社会支持方面进行研究，还未曾见到关于个人网络、志愿者和个人等非正式社会支持的研究。为老年人提供系统的社会支持，要求理顺主体关系，明确政府、非政府组织、社区、个人等各主体所扮演的角色和功能，实现它们的分工合作，以形成一个完善的社会支持体系。而既有的研究成果，虽然对这些问题有所触及，但往往只是考虑到了问题的某一个方面，没有注意到各个问题之间的相互联系，缺乏深入的研究和讨论，更谈不到达成共识。

1.4 研究思路及技术路线

研究思路及技术路线见图 1-4-1。

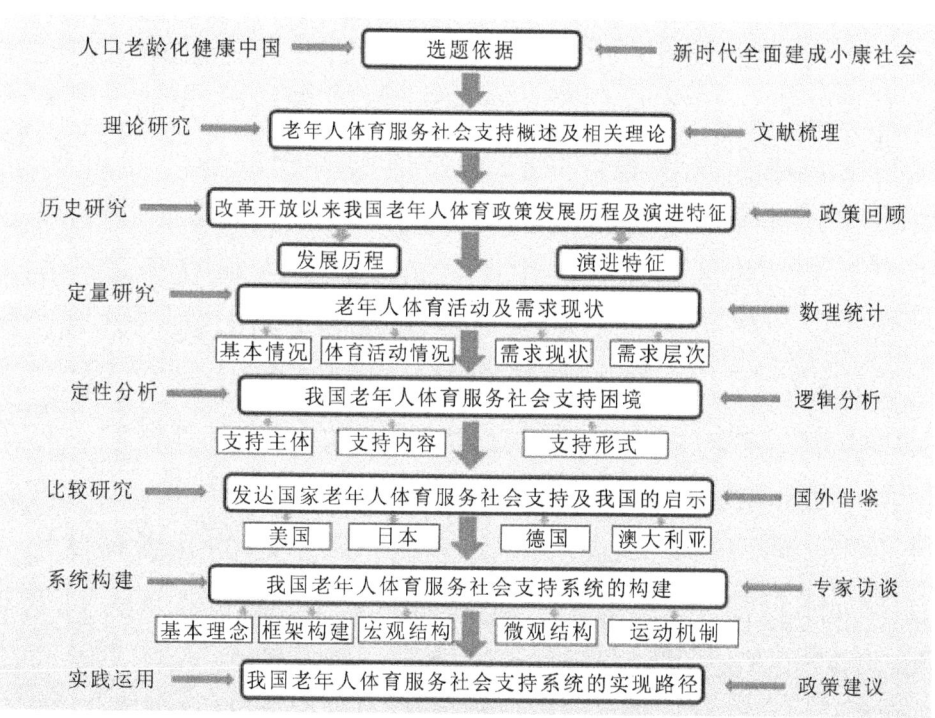

图 1-4-1 研究思路及技术路线

1.5 研究方法

1.5.1 方法论

1.5.1.1 理论研究和实证研究相结合

理论研究主要对课题中涉及的相关概念、老年人体育服务社会支持的理论基础的分析；实证分析侧重描述我国老年人体育服务需求与社会支持现状及困境，运用社会学、老年学、人口学、管理学等多学科知识对我国老年人体育服务社会支持进行深层次的分析，揭示老年人体育服务社会支持体系发展的本质。

1.5.1.2 定性研究和定量研究相结合

作为两种不同的研究范式，定量研究和定性研究存在着显著的区别，并各有侧重。定量研究着重事物的量，其标准化和精确化程度较高；定性研究强调事物的质，通过观测、实验和分析等，来考察研究对象的属性或特征。二者在方法层次上可以共存和互补。由于社会支持这一概念所蕴含的复杂性，仅仅依托任何一种研究方法都很难对其进行客观、深入的解析，因此，综合定性和定量两种不同的研究方法，不但可以取长补短，而且可以最大限度地利用现有资料，使其相互印证，相互生发，从而提高整体的研究质量。本文在定量研究上使用问卷调查法对老年人体育活动的开展现状以及老年人体育服务需求现状进行调查；在定性研究上对老年人、体育部门管理者进行深度访谈，收集老年人体育活动参与的第一手资料，在文章中也引用了部分的访谈资料。两种方法的结合可以更好地呈现出我国老年人体育服务社会支持体系的概况。

1.5.1.3 历史研究和比较研究相结合

历史研究关注事物发展的规律，强调探求研究对象本身的发展过程和人类对其认识的过程。因此通过梳理 1978 年改革开放以来我国相关部门出台的老年人体育政策文本，探析我国老年人体育政策发展的历程和演化特点。比较研究主要是对部分发达国家如美国、德国、澳大利亚、日本等国老年人体育服务社会支持体系进行比较，分析几个国家老年人体育服务社会支持的建设内容及其主要特点，试图从中获得一些有益启示。美国早在 1945 年就进入老龄化社会，是世界上第一个制定老年体育政策的国家，其老年人体育的组织与管理以及活动形式，值得我国学习与借鉴。德国是世界上最先建立起普及全民养老金制度的国家，也是联合国认定的最适合养老的国度。作为同处东亚的大国，日本和中国有相近的地理位置和相似的东方文化背景，并且日本早在 20 世纪 70 年代就进入了老龄化社会，也是目前老龄化程度最为严重的国家，成为全世界仅有的进入超老龄社会的国家。澳大利亚具有全世界较为成熟、结构清晰的老年人社会保障体系，在老年人体育服务社会支持体系的构建上也有其独到之处。

1.5.2 具体研究方法

1.5.2.1 文献资料法

根据论文研究的需要，在中国知网全文数据库、中国优秀硕博论文全文数据库、万方数据库学位论文库等数据库进行计算机检索，分别以"社会支持""老龄化与体育""老年人体育""老年人体育服务""人口老龄化"

"全民健身"等为主题、关键词进行检索。国外文献检索主要是通过国外亲戚朋友运用 google 学术搜索引擎进行搜索相关文献。

1.5.2.2　问卷调查法

在广泛搜集和整理公共体育服务相关研究文献的基础上，通过提炼升华，根据研究的需要，编制《老年人体育活动及需求现状调查表》，并邀请 7 位专家访谈，就问卷的信度进行检验，通过对专家反馈的建议对问卷做出修改。然后在小范围开展预调查，检查问卷的效度，根据实际调查的情况进行调整，形成最终的调查问卷。

1. 问卷设计

在 2017 年 3 月至 2017 年 6 月，采用分层随机抽样方式确保调查的质量以及权威性，向湖南省 14 个地市州的县城所在地 60 岁以上的老年人发放问卷，每个地市州发放 200 份问卷，共 2800 份问卷。以调查问卷的形式了解广大老年人体育服务需求的具体内容及社会支持状况。

2. 问卷效度及信度检验

效度检验方面，问卷完成后，共邀请 7 位专家对问卷进行了效度评价，所请专家职称结构合理。经专家评定，问卷效度较高，基本合理。（表 1-5-1 至表 1-5-3）

表 1-5-1　　　　　　　　专家职称结构表

职称	教授	副教授	讲师
人数/人	4	2	1
专业	体育社会学	体育管理学	
人数/人	4	3	

表 1-5-2 专家对问卷效度的评价表

	很完善	比较完善	基本完善	不完善	很不完善
专家人数/人	1	4	2	0	0
百分比/%	14.29	57.14	28.57	0	0

在信度检验方面，本问卷为确保其信度，采用重测法对问卷进行检测。发放问卷前，先后对株洲地区 120 名老年人发放问卷两次。检验结果表明可靠性显著，符合调查要求。

表 1-5-3 问卷内容两次调查相同率情况表

重测数	两次调查间隔时间/天	两次调查相同率/%
10	14	86.92

3. 样本的选择

由于人力物力财力及时间的限制，本文只调查了湖南省 14 个地州市所在地的样本，未能在全国范围内采集样本。根据一个省的调查数据来分析老年人体育及其需求现状可能存在一些地域的局限性，但考虑到论文后面系统的构建主要是基于社会学的社会结构以及管理学社会治理的视角，从社会管理的层面上来看，本书着重研究城市老年人体育服务的社会支持，属于城市社会管理问题。我国各省市虽然在经济发展水平上存在较大差距，但在城市社会管理这一方面，各地城市管理模式比如体育社团的运行、社区的管理以及其他组织的运行与管理模式差别不大。因此，样本覆盖面的大小对于本书老年人体育服务社会支持系统构建和路径的提出影响并不是很大。

4. 调查方法

本书的问卷调查受到湖南工业大学体育学院各年级硕士

研究生、中南大学、吉首大学、湘南学院、湖南人文科技学院等高等院校体育专业教师的大力支持，由于老年人受教育的程度不一样且排斥心理较为严重，调查前就此次调查的目的、内容、注意事项等进行系统的培训，要求调查人员对问卷内容十分熟悉且具备一定的方言能力。在实际调查过程中以一对一访谈的形式对老年人进行调查，由调查员将调查内容用口头语言的形式进行读题，由被调查对象做出回答，所有问卷均是当场访谈，当场回收。此次共发放调查问卷 2800 份，共回收 2316 份，有效问卷 2153 份，问卷有效率 76.89%（表 1-5-4）。

表 1-5-4　　　　　　　　　　卷回收情况

发出问卷	回收份数	回收率	有效问卷数	有效问卷率
2800	2316	82.71%	2153	76.89%

1.5.2.3　访谈法

根据课题研究目的和内容，本课题访谈对象有三类：第一类是针对基础理论、研究方法、相关概念、体育服务需求、社会支持主体、社会支持系统构建等进行专家访谈。第二类是对湖南省 14 个地市州政府的相关职能部门、老人的亲属、老年活动中心、老年病医院、体育场馆、社区相关机构、老龄办、老体协就老年人体育开展情况、体育设施建设情况、老年人相关政策等进行深度访谈。第三类是对被调查的老年人的访谈，老年群体由于自身的年龄特点或者由于文化水平较低，不一定理解一些调查问题的含义，调查员采用访谈的形式进行调查。通过三类对象的访谈，为这次调查积累大量素材。

1.5.2.4 数理统计法

使用 SPSS、Excel 等软件，对收集的数据进行分析。对问卷的数据进行统计学处理，通过频数分布，计算有关题目答案的人次百分比；通过 SPSS（22.0 版本）进行卡方分析，对老年人不同体育服务需求做人口学特征，得出需求的特征，科学地反映我国老年人在体育方面的客观需求现状，以及体育服务各支持主体存在的问题，是对定性分析的有力支撑。

1.6 创新之处

1.6.1 研究视角的创新

协同治理理论是当前管理学领域的前沿理论，目前广泛应用于全球公共事务管理与社会管理实践。本书在系统构建部分，基于协同治理的理论框架来构建老年人体育服务的社会支持系统，研究视角相较于以往其他理论视角的研究是一种创新。

1.6.2 研究方法的创新

本书基于魅力质量理论和 Kano 模型，从必备要素、一维要素、魅力要素、无关要素 4 个层面分析老年人的体育服务需求，这和以往基于单纯顾客满意度对老年人的体育服务的研究相比较，是一种研究方法的创新，研究结论能更准确地反映老年人体育需求满足与满意度之间的关系。

1.6.3 研究内容的创新

本书基于协同治理理论，构建了我国老年人体育服务的社会支持系统，界定了系统中的多元主体的角色与职责，同时还提出了根据不同的管理情境，进行社群机制、行政机制与市场机制的最优组合来为老年人体育服务提供支持。这些研究内容都具有一定程度的创新。

1.7 本章小结

本章主要阐述研究的选题依据、研究目的与意义，梳理、分析和归纳国内外相关主题的文献，说明研究思路、研究方法及创新之处。本书研究我国老年人体育服务社会支持旨在构建我国老年人体育服务的社会支持系统，提出老年人体育服务社会支持的实现路径，主要目的在于通过这一支持系统满足新时期我国老年人体育发展的需求，促进我国老年人体育的进一步发展，为体育途径支持人口老龄化提供参考与借鉴。

国内外研究取得的成绩主要表现在社会支持理论比较成熟，社会支持理论应用广泛；老龄化背景之下的老年人体育研究成果丰富；老年人体育服务研究基础仍然薄弱；人口老龄化背景下老年人体育服务需求研究有待进一步深入；体育领域的社会支持问题研究不足。

研究方法上主要采用文献资料法、问卷调查法、数理统计法、访谈法与逻辑分析法。研究的创新之处表现在基于魅力质量理论和 Kano 模型分析老年人的体育服务需求，这和以往基于单纯顾客满意度对老年人的体育服务的研究相比较，是一种研究方法的创新。协同治理理论是当前管理学领域的前沿理论，目前广泛应用于全球公共事务管理与社会管理实践。本书在系统构建部分，基于协同治理理论构建了老年人体育服务的社会支持系统，研究的理论视角相较于同类题材的研究也是一种创新；学界目前少有基于协同治理理论对于老年人体育服务的研究，因此，本书基于这一理论的相关研究内容和研究结论也具有一定程度的创新。

2 老年人体育服务社会
支持概述及相关理论

我国老年人体育服务社会支持的研究，必须首先弄清楚以下几个问题：一是老年人的概念，这是确定体育社会支持对象的前提；二是体育服务的性质，这是根据老年人的体育需求确定服务主体的前提；三是社会支持的概念及内容，这是本研究的核心概念，也是进行其他相关研究的基础。以上概念及其内容的探讨，是进行本研究的前提，也是下文开展研究的基础。本章主要是进行学理研究，在厘清相关概念及其主要内容的同时，梳理本研究所要用到的几种重要理论及其基本内容，为下文模式的构建与路径探讨提供理论基础。

2.1 老年人体育服务概述

2.1.1 老年人概念

《新华字典》以及《现代汉语词典》中，"老"有多种含义，其中排在首位的解释是"年岁大，与幼、少相对"。汉代文字学家许慎在《说文解字》中指出"七十曰老，从人毛匕，言须发变白也"。人之衰老，表明人已步入老年。可见，对于"老年"的界定，古人主要是着眼于个体年龄层面的。随着社会的发展，学科分类的日趋复杂，以及研究问题上不同的起点和重点，人们对"老年"的界定已经越来越个性、多样，越来越深入细致了，研究者对"年龄"的理解也千差万别。当今国际学术界通行的做法是以年代年龄、生理年龄、心理年龄和社会年龄来界定的。

年代年龄即出生年龄，指的是个体离开母体后生存的时间。发达国家一般将 65 岁以上称为老年期，发展中国家则将男 55 岁、女 50 岁作为老年期限，我国 60 岁以上称为老年期。

生理年龄，顾名思义是指生理学上的年龄，其标准是个体细胞、组织、器官，系统的生理状态、功能，以及反映其状态和功能的生理指标。生理年龄被分为 4 个阶段：0～19 岁为第一阶段，20～39 岁为第二阶段，40～59 岁为第三阶段，60 岁以上为第四阶段，分别为生长发育期、成熟期、衰老前期、衰老期。据此，60 岁以上者被界定为老年人。但这只是一个大致意义上的区分，需要注意的是生理年龄和年代年龄往往并不同步。

心理年龄是指人的整体心理特征所表露出的年龄，以意识和个性发展的程度为主要测量内容。心理年龄可分为 3 个时期：0～19 岁为未成熟期，20～59 岁为成熟期，60 岁以上为衰老期。据此，心理年龄在 60 岁以上者被界定为老年人。心理年龄因为主要的测定指标和测定的内容的差别，所以与年代年龄和生理年龄并不一定同步。

社会年龄是一个更为特殊的概念，它是参照个体在与群体中其他人交往过程中所扮演的角色来确定的个体年龄。个体在群体中的社会地位越高，所发挥的作用越大，其社会年龄就越成熟。据此，社会年龄与年代年龄也并不一定同步，所以有"少年老成"的说法。

从以上定义可以看出：年代年龄受遗传因素的影响难以

改变，但是生理、心理和社会年龄却会受到后天生活方式与生活经历的影响，进而对于个体老龄化的进程有着不同程度上的影响。据此，判断个体是否进入老年期，不能单纯依靠出生年龄，生理年龄、心理年龄和社会年龄也是判断衰老的重要指标，尤其是心理年龄对于个体具有很强的影响作用。因此，老年人通过体育锻炼调节心态，不仅能保持身体健康，而且能保持心理上的年轻状态。

为了便于测量，也为了避免不必要的混乱，国际上通行的做法是采用年代年龄作为划分年龄的标准，并以大多数人的生理功能衰老的平均时间为主要依据，以此界定老年的起点年龄。然而不同国家、不同地区、不同民族的人群其物质生活水平、医疗卫生条件和个体身体素质都有着相当的差异，因此老年起点年龄的标准，西方国家通常比发展中国家尤其亚非拉国家要高。鉴于此，1982 年维也纳老龄问题世界大会确定发达国家老年人标准为 65 岁，发展中国家为 60 岁。

2013 年，世界卫生组织重新调整了人口年龄阶段的划分标准，具体是 44 岁以下为青年人，45～59 岁为中年人，60～74 岁为年轻老年人，75～89 岁为老年人，90 岁以上为长寿老人。

随着医疗进步及生活环境的改善，人类衰老的进程在不断减慢。日本老年学会的研究认为，与 10 年前相比，人类体力及脑力活动能力都年轻了 5～10 岁。也正因此，日本老年学会建议将前期老年人即 65～74 岁人群作为"准老年人"视作社会支柱，参加到社会活动中来，帮助实现充满希望和活力的老龄化社会。日本的很多工作岗位上都有老年人忙碌的身影，尤其是一些服务行业，如保安、清洁工、饭店服务员等。而美国国会曾推出的一份研究报告认为，老年人口的增加不会必然带来社会经济发展的衰退，因为这份报告发现老年的技术人才在创造生产力方面反而比年轻没有经验的劳动力有更多优势。美国国会的这份报告也是建立在 65~74 岁的人群继续参加工作的基础上的。因此，界定老年开始的时间非常重要，因为它常被用作日益减少的劳动力的参考指标。

1964 年，中国召开了第一届老年学与医学学术讨论会，该会议建议以 60 岁作为老年的起点年龄，并于 1982 年第三次全国人口普查时正式将其作为划定老年人口的年龄标准。鉴于我国目前年轻人比较严峻的就业压力以及充沛的劳动力存量，因此在本研究中还是参考世界卫生组织对发展中国家老年人的划分以及我国的传统，把老年人界定为年代年龄在 60 岁及以上的群体。关于西方国家尤其是美国和日本对于老年人的研究的意义在于：通过体育锻炼可以提升老年人的身体活动能力，调节心态，从而推迟老年人的生理与心理年龄，为未来的老龄社会提供更多的老年劳动力，为积极应对人口老龄化问题提供了一条非医疗的途径。这也是本书研究老年人体育的积极意义所在。

2.1.2 老年人体育的概念

关于老年人体育的概念，不同学者基于不同的研究视角作了概念界定。卢元镇在《体育社会学》一书中按照体育的参与对象的不同专门分析了老年人体育；王燕鸣（2001）从体育的内容层面对老年人体育作了界定，认为老年人体育是社会各界、广大老年人体育理论与实践活动的总称，内容包括老年体育基础理论、老年体育法规政策、老年体育组织、老年体育场所、老年体育运动项目、老年体育竞赛、表演、培训等[1]。戴志鹏按照老年人的分类标准，从年代年龄、生理年龄、心理年龄与社会年龄的维度分析了老年人体育的含义，认为基于年代年龄，我国的老年人体育属于"年代年龄在 60 岁及以上人群参与的适应身体活动"（adapted physical activity）；基于生理年龄，老年人体育是具备基本身体活动能力的老年人参与的适应身体活动；基于心理年龄，老年人体育是一种在参与意愿、活动内容和活动参与方式上具有鲜明差异的适应身体活动；基于社会年龄维度，认为老年人体育是一项与社会支持体系存在着密切关联的社会福利事业。[2]

参照以上学者对于老年人体育概念以及内涵的分析，本研究认为老年人体育是指年龄在 60 岁以上的老年群体所从事的适应性身体活动。这种适应性的身体活动是针对不同地域、不同老龄阶段、不同的身体状况所能从事的适合老年人自己的身体活动。这一界定之所以强调体育活动的适应性，是因为老年阶段跨度大，有 75 岁以下的年轻的老年人，也有 90 岁以上的高龄老人，因为身体状况的不同，体育活动的能力与内容表现出很大的差异性；同时即使是同一年龄阶段的老年人，因为身体状况的差异，体育活动的能力也有显著差异。其次，地域、受教育程度等都对老年人的体育活动有一定的影响。因此，鉴于老年人体育活动的这些差异性，本研究界定的概念强调老年人体育活动的适应性与其活动项目和内容的差异性。

---

〔1〕 王燕鸣.老年体育学[M].济南:山东大学出版社,2001:2.

〔2〕 戴志鹏.居家养老服务视角下的老年人体育运行机制研究[D].苏州:苏州大学,2015.

2.1.3　老年人体育服务的概念

我国关于体育服务概念研究集中在 2010 年之前,已有的研究中多是对"公共体育服务"或是"体育公共服务"这两个名词概念表述的争议较多。从笔者所涉猎的文献来看,近年来使用"体育公共服务"和"公共体育服务"频率相差不大。大多数研究者并没有刻意去区分这两个词。尽管表述上有词序的差别,但含义上却大同小异,都认为是政府部门为满足公众的体育需要而向其提供的公共体育产品及服务的总称。本文为了避免上述概念上表述所带来的歧义,使用"体育服务"的概念,泛指老年人在体育参与过程中所需要的各种体育产品与体育服务,包括政府、社会组织以及社会商业机构所提供的体育服务。鉴于当前大多数老年人体育活动的场所在社区的公共体育场地,因此老年人的体育服务以政府提供的公共服务居多。同时,由于公共服务的社会化已成为一种趋势,因此,即使在社区公共体育场地进行体育活动的老年人,有可能使用的也是由私人机构提供的服务。

2.1.4　老年人体育服务的内容

目前,我国学界关于体育服务的研究主要是基于 21 世纪学界对体育公共服务体系的研究提出来的。随着国家建设"服务型政府"以及政府公共服务实践的推进,体育学界开始研究政府的体育公共服务问题。

在老年人体育服务内容方面,许多学者通过对某一省市老年人体育需求的调查,提出了老年人体育服务的对策与内容。如廖建媚（2008）对厦门城市老年女性体育参与现状与需求情况调查研究后指出,厦门市老年女性对社区场地设施需求强烈，尤其渴望有专业的从业人员指导体育锻炼以及合理选择运动项目、开设运动处方等[1]；施学莲等（2012）通过对江苏十三个市县进行实证调查研究发现，老年人对公共体育服务的需求主要包括健身场馆、体育公共设施、体育活动组织者、社会指导员等方面[2]；许晓峰（2011）对山东省城镇和农村老年居民的调查结果显示，两类群体中对公共体育场地需求比例分别为 78.5% 和 96.4%，而对体育指导服务的需求为 88.2% 和 65.9%[3]；楚继军等（2016）从场地设施、经费投入、活动组织、健身指导和信息提供 5 个方面分析了广州市老年人体育公共服务的供给现状与需求[4]。

本研究把老年人体育服务需求的内容概括为体质监测服务、体育活动服务、体育设施服务、体育组织服务、体育指导服务以及体育信息服务 6 个方面。这一内容的确立是在参照上述学界对于体育服务以及老年人体育服务需求的内容上提出来的。鉴于国家近年来非常重视国民体质监测，《健康中国 2030 规划纲要》出台以后，各地卫生与体育部门都非常重视健康问题，体质监测相关硬件与软件条件都已具备；同时，体质监测数据在客观上也有助于老年人了解自己体质状况，有助于体育指导员开具科学健身的运动处方。因此，

〔1〕 廖建媚. 厦门市城市老年女性体育参与现状与需求情况研究[J]. 山西师大体育学院学报,2008(01):24-26.

〔2〕 施学莲,王正伦,王爱丰,等. 从特惠到普惠:公共服务视野下江苏省老年人体育需求研究——基于江苏十三个市县的实证调查[J]. 南京体育学院学报(社会科学版),2012(4):68.

〔3〕 许晓峰. 山东老年体育需求与体育发展战略研究[D]. 济南:山东体育学院,2011.

〔4〕 楚继军,楚霄. 广州市老年人体育公共服务现状与需求分析[J]. 广州体育学院学报,2016(2):1-4.

本研究在五大要素的基础上，增加了"体质监测服务"这一内容。

2.1.5 老年人体育服务的属性

老年人体育服务是指老年人在体育参与活动中所需要的各类体育产品与体育服务。公共物品理论认为，具有消费或使用上的非竞争性和受益上的非排他性等特征的社会产品称之为纯公共产品，一般由政府提供；部分带有上述特征的社会产品称为准公共物品，一般遵循由政府和市场共同提供的原则；不具有上述特征的社会产品称为私人物品，一般利用市场机制来提供。从目前老年人体育服务的实际情况来分析，由于我国老年人口基数大，老年人能够享受的体育公共服务资源有限，每多一位老年人享受体育服务，就会导致投入成本的上升或其他老年人享受服务的减少，老年人体育服务在消费或使用上就具有了部分的竞争性和排他性的特征。因此，老年人体育服务在一定程度上具有准公共产品的属性，而准公共产品的提供理论上应由政府和市场来共同承担。本研究中的老年人体育服务的主体既包括政府提供的产品和服务，又包括市场和其他社会组织及个人提供的产品与服务。

2.2 社会支持概述

2.2.1 社会支持概念

"社会支持"这一概念起源于 20 世纪 70 年代，最初是由 Raschke 提出，最早开始引入是在精神病学的文献中，它用于指与身体健康有关的社会因素。但由于社会支持涉及多方面的行为、关系和过程，要给出一个普适性的概念非常困难，因此很多研究者从不同角度和侧重点来阐述社会支持的概念。Harry 基于主观感受的视角，认为社会支持是一种感觉和态度。Sarason 等则将社会支持定义为个体能感知到的，来自他人的接纳、关心、支持和爱护的感受，以及所得到的外界的帮助。Tolsdorf（1976）将社会支持定义为帮助某个中心人物实现其个人目标，或满足其在特定情形下的某种需要，这是基于功能角度的定义。

国内学者对社会支持的研究尽管起步较晚，但研究进展较快。关于社会支持概念的研究，李强（1998）认为它既包括家庭成员之间内外部的物质与精神扶持，也牵涉家庭之外各种支持与帮助，是各种社会组织与个人对社会脆弱群体所提供的无偿救助和服务[1]。陈成文[2]（2000）、程虹娟[3]（2006）将之界定为某种特定的社会网络的选择性社会行为，是其通过物质和精神途径对社会弱势群体所施加的无偿帮助。陈贝贝等（2004）基于社会资源作用、社会行为性质与社会互动关系 3 个层面来界定社会支持[4]。

社会支持是一个多元性的概念，对它的界定也是一个丰富而复杂的过程。尽管国内外学者对社会支持的界定不尽相同，但大多数学者认为，社会支持是指处于一定社会弱势群体地位的群体所得到的各种物质和精神上的帮助。综合分析

---

〔1〕 李强.社会支持与个体心理健康[J].天津社会科学,1998(01):66-69.

〔2〕 陈成文.城市特困老年人的生活状况及其社会支持[J].城市发展研究,2000(01):35-39.

〔3〕 程虹娟.浅析高校女教师心理压力及社会支持[J].天府新论,2006(2):215-217.

〔4〕 陈贝贝,顾丹莉.弱势群体的社会支持[J].求实,2004(3):186-187.

国内外学者的观点，本研究认为社会支持是指为社会弱势群体所提供的物质和精神上的帮助和服务。

社会支持理论研究最早来源于"社会病原学"，是个体生理、心理和社会适应能力范畴的内容，早期研究主要是在社会心理健康领域。但随着研究的深入，目前国内外对社会支持理论的应用与研究已远远超越了社会心理学的研究领域与范畴，发展成为指代帮助社会弱势群体摆脱生存和发展困难所提供的精神或物质支持的社会行为的总称。本研究所指的社会支持并非指单纯的社会心理学领域的心理学概念，而是一个社会学范畴的概念，即对于老年人体育服务的支持更多的是一种社会意义上的支持行为。

2.2.2 社会支持的内容

社会支持系统是一个复杂的多维系统，主要由主体、客体和介体 3 个组成要素构成。社会支持的主体是指社会支持的提供者。依据提供者的组织属性包括正式的社会支持主体与非正式的社会支持主体。正式的社会支持主体是指政府或社会组织为社会弱势群体提供的社会支持，这一类社会支持主体具有特定的功能和正式的组织规范，所提供的社会支持有自己明确的标准和程序，并且从事帮助行为的人是经过专业培训的人员。非正式社会支持主体则是遵循自愿原则的个人或群体所提供的精神或物质帮助，其主体没有特定的功能，也没有正式的社会支持规范，没有经过专业培训，不寻求任何经济回报的社会行为。非正式的社会支持主体包括个人、家庭、邻里、同事、朋友等。社会支持的客体是指接受社会支持的个人或者群体。这种个人或群体不是全体社会成员，仅限于那些凭借一己之力难以维持一般基本社会生活标准的社会弱势群体。本文的社会支持的客体是特指我国 60 岁以上的老年人。社会支持的介体，是指连结社会支持主体与客体的途径与内容。

2.2.3　社会支持的分类

随着学界对社会支持研究的深入，根据研究者各自不同的研究需要，其分类方法呈现出多样性的特点。库恩等人基于心理学，从归属性、满足自尊、赞成性和物质性 4 个维度对社会支持进行分类[1]。考伯基于所提供的社会支持的功能视角，将社会主持分为情感、网络、信息性、物质性、工具性和抚育性支持 6 种[2]。Barrera，Ainlay（2005）从物质帮助、行为援助、亲密行为、指导、反馈和积极行为 6 个方面对社会支持进行分类[3]。范德普尔所做的社会支持调查问卷中将其 11 种支持行为归纳为精神支持、实际支持和社会交往 3 种类型[4]。

国内学者对社会支持的分类主要依据支持主体不同来进行分类，如徐勤（1995）将社会支持分为正式社会支持与非正式社会支持。正式社会支持是指由正规组织依据相关政策或者法律所提供的物质与精神援助，这种援助具有经常性和稳定性的特点，表现的是组织与个人之间的支持关系。非正式社会支持是指由家庭、朋友、邻居或志愿者

---

〔1〕 Wellman,B.. Studying personal communities ,in Marsden, P. & Lin, N. （eds.）, Social Structure and Net-work Analysis,Beverly Hills,CA;Sage.

〔2〕 贺寨平. 国外社会支持网研究综述［J］. 国外社会科学,2001(01):76 - 82.

〔3〕 Barrera, Ainlay. Marcelorganizations in Uganda［J］. Fafchamps, Trudy Owens. The governance of non-governmental World Development,Volume 33,Issue 4, April 2005, Pages 657 - 679.

〔4〕 马特·G. M. 范德普尔. 个人支持网概述［J］. 国外社会学,1994 (4):25.

等非正式组织或者个人所提供的帮助，一般无政策与法律可依，具有不确定性的特点，更多表现的是个人与个人之间的关系。根据社会支持所针对的内容不同，将社会支持分为 3 类，分别为经济收入支持、生活照顾支持和心理精神支持。涵盖了金钱与物质上的支持、日常生活的照料与帮助以及情感的慰藉[1]。

有学者根据功能划分，将社会支持分为工具性支持和情感性支持。张卫东等（1997）将社会支持分为客观支持与主观支持两类[2]。在这种分类中，直接获得物质援助的客观支持即工具性支持，主观上的支持即情感性支持。陈成文（1998）认为在人类的历史长河中，社会支持一直循着两条线路并行不悖。一条是存在于民间下层社会的利他主义支持，即非正式支持；一条是上层社会对下层社会的功利主义支持，即正式支持[3]。

综上，国内外学者主要是基于研究者的知识结构、研究目的和研究着重点不同，来确立他们对社会支持的分类标准、分类方式，学者们往往根据研究的侧重点来理解社会支持的内容并进行各自的分类。本研究主要是考察不同的社会支持主体为老年人体育服务提供支持的问题，是基于支持主体视角的分类，因此采用基于支持主体组织结构的分类方法，即正式支持与非正式支持的分类方法。

---

〔1〕 徐勤. 我国老年人口的正式与非正式社会支持[J]. 人口研究,1995(05):23-27.

〔2〕 张卫东,林喜红. 城市老年人社会支持利用度研究[J]. 心理科学,1997(05):414-417,472-479.

〔3〕 陈成文. 农村老年人的生活状况及其社会支持——对湖南省1000名农村老年人的调查[J]. 社会科学研究,1998(06):96-100.

2.3 相关理论基础

2.3.1 老龄化理论

2.3.1.1 健康老龄化理论

20 世纪 80 年代以来，人口快速老龄化成为一种世界性的趋势，始于西方发达国家的人口老龄化迅速扩展到以我国为代表的部分发展中国家，成为当今世界需要面临的严峻社会问题。为了应对日益严峻的人口老龄化问题，国际人口学界在 20 世纪 90 年代基于老年人的需求学说提出了健康老龄化理论。

健康老龄化关注老年人口的基本健康和生活质量的提高，强调社会为老年人的健康、富足、幸福的生活提供物质基础和保证，要不遗余力采取措施解决人口老龄化所带来的社会问题，以保持社会健康、持续和稳定的发展。这一理论从老年人身心需求的层面提出要保证老年人的健康与幸福，对于保障和促进老年人的健康与社会稳定和谐有一定积极意义；然而，这一理论同时也忽视了老年人的积极因素，老年人并不必然是社会的负担，心态积极向上的老年人是社会的宝贵财富，老年人仍然可以参与经济、社会与文化方面的活动，为社会财富的创造和社会的发展做出积极贡献。

2.3.1.2 积极老龄化理论

20 世纪 90 年代末，国际人口学界基于社会权利理论提出了"积极老龄化"。积极老龄化理论认为老年人在进入老年阶段以后仍然可以参加政治、经济、社会、文化、教育等社会公共事务，仍然可以为个人与社会财富的积累以及社会事务管理作出积极的贡献，这是他们的基本权利，国家有义务在保障老年人身心健康的同时，保障老年人的社会参与权利。积极老龄化改变了人们对于老年人是社会负担的看法，认为老年人不仅可以老有所安，而且可以"老有所为"。

积极老龄化理论的作用体现在以下 3 个方面：一是有助于"增强个体和群体积极应对老龄化挑战的能力"[1]。个体的积极老龄化能激发老年人的积极生活状态，保持健康和社会适应能力；群体的积极老龄化有助于老年人积极参加政治、经济、社会与文化生活，为老龄化社会提供充足的劳动力资源，创造更多的社会财富，从而减轻社会负担。二是积极老龄化有助于"鼓励和平衡个人责任、代际友好与团结"。一方面，积极老龄化的老年人，由于参与更多的社会生活，增加了收入，降低了因年老导致各种风险抵抗能力，从而具备了更好的保证身心健康和自我照顾的能力；另一方面，积极老龄化的老年人还有能力在家承担无偿照顾孙辈的责任，让子女有更多时间和精力参与社会生活，从而促进了代际之间的友好与团结。三是积极老龄化有助于"缓解养老金、收入保障以及医疗和社会照料支持不断增加的压力"。积极老龄化使越来越多的老年人在身体健康的情况下继续从事社会劳动和工作，这样有助于缓解社会劳动力不足和社保支出负担过重的压力。

美国和日本等发达国家的老年人许多仍然活跃在工作岗位上，这些老年人良好的身心状态以及老有所为的积极态度为西方社会应对人口老龄化做出了重要贡献。鉴于此，积极老龄化目前已成为全球应对人口老龄化的一种常用的方法与理论。

---

[1] 世界卫生组织.积极老龄化政策框架[M].北京:华龄出版社,2003.

2.3.2 魅力质量理论

2.3.2.1 魅力质量理论

1979 年东京理工大学教授狩野纪昭（Noriaki Kano）首次提出魅力质量理论，提出之初主要运用于企业管理。魅力质量理论认为并非每一种服务的提供（缺乏）都能提升（降低）顾客对整体服务的满意度，也就是说，各项服务要素的满足与顾客满意度之间存在非线性关系，而满意度的每一要素的作用（增减）都有差异（图 2-3-1）。魅力质量理论在管理学的实际应用中，通常将不同产品或服务的质量特性分为一维质量（满意质量）、必备质量、魅力质量、无差异质量、逆向质量 6 个层次[1]，也可称为"6 个要素"。必备要素（Must be requirements，简称 M），是顾客从自身需求出发，认为所接受的服务中理应具备的服务内容，当必备要素能够满足时，不会显著提高顾客的满意度，但不充分时会极大地引起顾客的不满；一维要素（One-dimensional require-ments，简称 O），也称线性要素，指的是顾客希望能够提获得的服务内容；魅力要素（Attractive requirements，简称 A），通常是指顾客还未明确表达或尚未意识到的、超出自身预期的服务内容，被满足时会极大提升顾客的满意度，不被满足也不会降低顾客对整体服务的满意度；无差异要素（In different requirements，简称 I），即顾客认为可有可无的服务内容，此类服务内容的满足或欠缺不会让顾客对整体满意度产生任何影响；逆向要素（Reverse requirements，简称

---

〔1〕 Rothwell，A.. Research in Progress-Is Grounded Theory What Man-agement Needs[J]. Journal of European Industrial Training，1980：166-167.

R），指的是会引起服务对象反感的服务，这类服务内容的提供将导致满意度下降[1]。可疑要素（Questionable result，简称 Q）所表达的意思是当需求满足时表示满意，需求没有满足的情况下也表示满意，这是一种有疑问的结果，老年人的回答一般不会出现这个结果，除非这个问题的问法不合理或者是老年人没有很好地理解问题，亦或是老年人在填写问题答案时出现错误。

2.3.2.2 Kano 模型

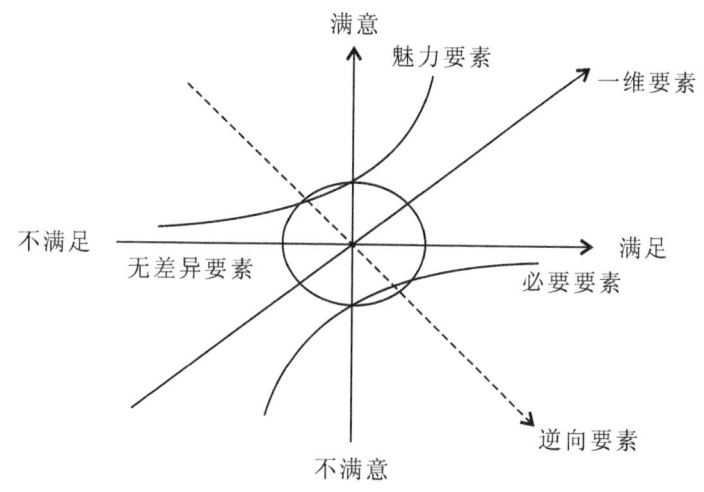

图 2-3-1 Kano 模型要素层次划分图

为了更好地划分魅力质量理论中每个要素属性的具体特性归类，狩野纪昭教授在 1984 年提出 Kano 模型。Kano 模型作为魅力质量理论的测算工具，是一个非常典型的定性分析模型，通常不直接用来测量顾客的满意度，往往用于对各项绩效指标进行分类，让公司了解不同层次的顾客需求，找出顾客和公司两个主体之间的接触点，准确识别让顾客感到满意的不可

---

〔1〕 朱建忠,刘康,李仕钦,等．种子质量管理中应用魅力质量理论的探讨〔J〕．中国种业,2006(05):14-15.

或缺的影响因子[1]。美国科学家伯杰在传统 Kano 模型的基础上，引入了顾客满意度系数（customer satisfaction coefficient，简称 CS）和顾客不满意系数（customer dissatisfaction coefficient，简称 DS）两项指标[2]，用来区分不同需求要素的满足对满意度的影响差异。通过公式（1）可以得出，满意度系数（CS）等于魅力需求（A）、一维需求（O）的频率之和除以四项要素总频率，取值范围从 [0，1]，即满意度系数（CS）越接近于 1，该项需求的满足对整体满意度提升的作用越大，越接近于 0 则该项需求的满足对整体满意度提升的作用越小。通过公式（2）可以得出，不满意系数（DS）指的是一维需求（O）、必备需求（M）的频率之和除以四项要素总频率，取值范围为 [−1，0]，当不满意系数值（DS）越靠近−1，就意味着此类服务需求如果没有得到有效满足，将对不满意度的影响越大，反之越小[3]。

公式（1）顾客满意度系数

$$CS = \frac{F(A) + F(O)}{F(A) + F(O) + F(M) + F(I)}$$

公式（2）顾客不满意度系数

$$DS = (-1) \times \frac{F(O) + F(M)}{F(A) + F(O) + F(M) + F(I)}$$

Kano 模型问题选项的需求层次划分可见表 2−3−1。

---

[1] Noriaki Kano，Fumio Takahashi. Attractive quality and must be quality [J]. Japanese Society Quality Control，1984，2 (14)：39−48.

[2] Berger，C. et al. Kano's Methods for Understanding Customer-defined Quality[J]. Center for Quality Management Journal，1993(4)：3−36.

[3] 黄怡，高铭. 国内服务业创造魅力质量——全面开放环境下的质量与竞争力[J]. 科学·经济·社会，2006(02)：62−65.

表 2 - 3 - 1 　　　　　　　　 Kano 模型问题选项的需求层次划分

需求满足	无法满足				
	满意	必须这样	无所谓	可以接受	不满意
满意	Q	A	A	A	O
必须这样	R	I	I	I	M
中立	R	I	I	I	M
可以接受	R	I	I	I	M
不满意	R	R	R	R	Q

2.3.3　协同治理理论

20 世纪 90 年代，我国开始由计划经济向市场经济转变，发生在政治、经济、文化和社会等领域的巨大变化使得传统的政府单一管理模式已经很难满足社会对公共服务的需求。一方面，社会组织、市场、公民等多元主体正以极大的热忱参与到社会管理事务中来；另一方面，在新公共管理运动影响下，从政府扩散到了社会的公共性，使协同合作成为社会治理的必然趋势。正是在这种背景下，协同治理被我国学者所关注并开始在我国社会管理事务中运用。

协同治理是指政府、企业、民间组织以及公民个人等社会要素相互协调，共同治理社会公共事务，达成最优的治理效能，最终实现维护与增进公共利益的目标[1]。从主体间的关系看，协同治理主要是指政府和政府所管辖的下属部门、政府和政府之外的非政府组织、企业及公民个人之间的协作关系。通过协同治理，可以充分发挥各个主体的优势，实现各子系统彼此分开时所不具有的整体功能，达到"整体大于

---

〔1〕 何水．协同治理及其在中国的实现——基于社会资本理论的分析[J]．西南大学学报（社会科学版），2008(03)：102-106.

部分之和"的社会公共事务治理功效。同时,通过协同治理,还可以积极培育"第三部门",壮大公民社会力量,充分发挥社会资本的作用。

协同治理内涵主要包括 3 个方面:其一,参与主体的多元性。当前社会系统的发展变化使得传统的公共事务决策模式已难以为继,而政府治理的有限理性也为市场以及社会第三方的参与提供了理论基础,因此,政府不再是唯一的社会公共事务治理主体。而非政府组织、企业、社区甚至个人等参与主体拥有不同的社会资源,具有自身的独特优势与作用,都可加入到社会公共事务的治理当中。各主体在实践中,通过履行相应的职责,实现合作管理,达到效率最优,以推动多元治理模式的形成。其二,治理过程的协同性。现代社会中,由于不同的组织掌握着不一样的知识与资源,以及社会系统中诸多问题本身的复杂性,使得社会问题的治理更需要强调治理过程中的协同性。协同治理本质上就是制定各参与主体认可的行动规则,打破以往政府"命令—控制"式的权威模式,来对参与、表达、决策以及监督的权力进行分享,从而构建自愿平等与协商、权力互相制约的善治关系。在特定情境下,各参与主体根据自身的运作逻辑与行动回应现实情况的整体需要,并通过彼此之间的协同方式的优化与组合,来实现社会公共事务治理模式由"单向管理"向"双向互动"的转变,政府与其他主体关系由"伙计"向"伙伴"转变,以期提升最终治理的效能与效率。其三,治理结果的超越性。在协同治理中,各参与主体具有不同的利益需求,当不同参与主体产生利益冲突时,协同治理就难以实现。因此,要承认不同参与主体之间的利益分歧与冲突,将协同治理的基本逻辑建立在利益共同体的基础之上,通过长期的合作以取代短期的竞争和无序对抗状态，使得各参与主体向着统一的目标努力。因此，利益共同体的实现能有效补偿单个利益主体参与社会治理的损失与不足。协同治理的最终目的就是为了提升社会公共事务治理的效能，从而最大限度地维护以及增进公共利益，实现治理结果的超越性。在协同治理过程中，只要有合适的制度与机制来安排各参与主体有序、高效地利用好自身资源、知识与技术等方面的优势来为系统整体服务，就能发挥出"整体大于部分之和"的社会公共事务治理功效。

目前，随着我国经济的飞速发展以及社会管理的日益完善，实践中已经具备了协同治理运行的相关基础。如不断壮大与成熟的社会力量为协同治理的运行提供了社会基础，现代互联网技术的快速发展与广泛普及为协同治理的运行提供了技术支撑，我国提出、强调的社会管理新格局为协同治理的运行提供了制度支撑。

2.4　本章小结

老年人概念的界定有年代年龄、生理年龄、心理年龄和社会年龄 4 种方法，本研究依据年代年龄来界定，把年代年龄在 60 岁以上的群体界定为老年人。老年人体育服务是指老年人在体育参与过程中所需要的各种体育产品与体育服务，具有准公共产品的性质。本研究中的老年人体育服务的主体既包括政府提供的产品和服务，又包括市场和其他社会组织及个人提供的产品与服务。

社会支持是指为社会弱势群体所提供的物质和精神上的帮助和服务。本研究所指的社会支持并非单纯的社会心理学概念，而是一个社会学的概念，是指社会学意义上的对于老年人体育发展的支持行为。社会支持体系由主体、客体和介体3个主要要素构成。社会支持主体包括政府、社区、非政府组织等正式支持以及个人、家庭、邻里、朋友、志愿者等非正式社会支持；社会支持的客体是特指我国60岁及以上的老年人；社会支持的介体主要是指老年人所获得体育服务的支持。

　　本书所要用到的理论包括管理学的魅力质量理论与协同治理理论，还包括跨界社会学与心理学的理论——社会支持理论、健康老龄化与积极老龄化理论。健康老龄化与积极老龄化理论是本书研究老年人体育服务社会支持的目标，社会支持理论与协同治理理论是本书论证与分析的两种基础理论，魅力质量理论主要用于分析老年人的体育服务需求层次。

3 改革开放以来我国老年人体育政策发展历程及演进特征

体育作为积极应对人口老龄化的便捷、经济、有效的方式及老年人保持健康、延缓衰老的理想途径，受到了政府的高度认可，并出台了一系列相关的政策来保障老年人的体育权益。所谓老年人体育政策，是指政府为了保障老年人体育权益而制定的与老年人体育发展息息相关的法律法规和计划措施。它是党和国家在一定历史时期内为保证老年人体育按照既定的路线发展而制定的行为准则，它规定与指导着老年人体育发展的方向。本章所述之老年人体育政策，既包括政府相关部门专门针对老年人制定的体育政策，也包括其他相关政策中关系到老年人体育的政策。本章通过梳理 1978 年改革开放以来我国相关部门出台的老年人体育政策文本，分析了老年人体育政策发展的历程和演化特点。剖析了老年人体育政策存在的问题，预测了未来老年人体育政策的发展方向，旨在为下文制定和完善老年人体育政策提供参考，从而保障与促进我国老年人体育的可持续发展。

3.1 改革开放以来我国老年人体育政策发展历程

据不完全统计，1978 年至 2017 年间，相关部门共出台与老年人相关的体育政策 102 个。其中 1983 年老龄委印发的《关于老龄工作情况与今后活动计划要点》是我国第一个明确提出支持老年人体育活动开展的政策文本。此后，我国老年人体育政策的数量在 1999 年以后有明显的增长，并呈现出阶段性波动式增长的特征，在 2015 年和 2016 年分别达到阶段性高峰（图 3-1）。

依据我国老年人体育政策出台数量的变化和走势，结合我国老年人体育政策不同时期的制定主体、政策内容和社会支持主体的特点，将我国老年人体育政策发展的历程分为政策肇始、政策探索、政策发展和政策深化 4 个阶段。划分阶段的目的有以下两点：一是有助于下文更准确地分析我国老年人政策的演进特点；二是有助于我们更准确地把握老年人政策的出台与经济改革和社会发展的关系，以便下文体系构建与实现路径的提出时能更贴近我国经济与社会发展的实际。

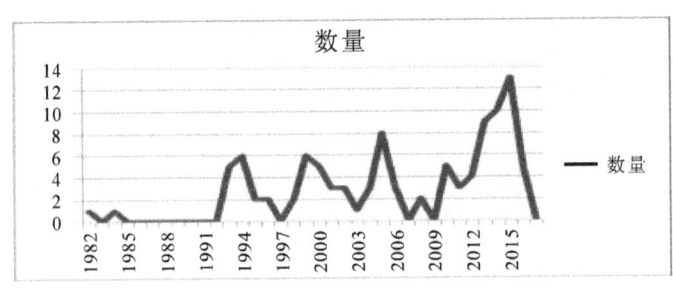

图 3-1　老年人体育政策年出台数量（1982—2017）

注：此图为根据资料统计自制的。

3.1.1　老年人体育政策的肇始阶段（1978 年至 1991 年）

1978 年是我国改革开放的元年，经济上的改革开放也带来了社会的发展。改革开放以后，我国的体育工作开始了全面的拨乱反正，各项工作逐步走向正轨，政府对老年人体育问题的关注也始于这一时期。本文自然以这一时间节点为起点来研究改革开放以来我国老年人的体育政策。

3.1.1.1 政策概况

1978—1991 年间中央各部委颁布的有关老年人体育政策见表 3－1－1。

表 3－1－1 1978—1991 年间中央各部委颁布的有关老年人体育政策一览表

序号	政策名称	出台年份	出台部门
1	《关于老龄工作情况与今后活动计划要点》	1983	中国老龄问题全国委员会
2	《关于加强我国老年医疗卫生工作的意见》	1985	卫生部

1982 年成立了全国老龄工作委员会，1983 年成立了老年人体育协会，并逐步向省、市、县、乡各级地方政府推广普及，但这一阶段国家各部委出台的政策中很少有专门针对老年人体育的论述。体育职能部门也多是把老年人体育融入社会体育这一大的概念中去，如国家体委 1978 年《关于加强城市体育工作的意见》、1979 年《关于加强群众体育工作的意见》、1990 年《国家体育锻炼标准施行办法》等。老龄部门意识到体育在促进老年人身心健康方面的积极作用，明确要求公园要为老年人开设文体活动场所。1983 年老龄委印发了《关于老龄工作情况与今后活动计划要点》，提出在公园等公共场所开设老年人阅览室、游艺室以及各种文体活动场所，为老年人进行文体活动创造方便条件，这是我国第一个明确提出支持老年人体育活动开展的政策文本。随后，1985 年卫生部出台《关于加强我国老年医疗卫生工作的意见》，提出有条件的医院，可积极开展老年病康复医疗，采取理疗、体疗、功能训练等综合措施，促进老年病人的病后

康复，提高疗效，充分肯定了体育参与对老年人身心健康的积极作用。

3.1.1.2 政策特点

这一时期老年人体育政策的主要特点是：从政策制定主体看，与老年人体育直接相关的政策只有 2 个，分别由卫生部、老龄委制定。国家体委作为发展老年人体育的主要职能部门尚未出台政策。从政策内容看，老年人体育参与没有受到重视，各部门对老年人体育活动的理念还比较模糊。从老年人体育的社会支持主体看，老年人体育活动的开展都是由国家统一组织管理，政府是这一阶段老年人体育社会支持体系中的唯一主体。

3.1.2 老年人体育政策的探索阶段（1992 年至 1998 年）

1992 年，党的十四大报告提出，我国经济体制改革的目标是建立社会主义市场经济体制，要使市场在社会主义国家宏观调控下对资源配置起基础性作用。这标志着我国经济体制的根本变革有了明确的目标和得以实现的理论基础，初步解决了关系社会主义现代化建设全局的重大问题。这一时间节点不仅深刻影响了我国改革开放的进程，同时也对经济与社会发展影响深远，学界许多经济与社会的发展阶段的划分均以此为界。据此，本文把 1992 年作为我国老年人体育政策的探索阶段的起始时间点。

3.1.2.1 政策概况

1992—1998 年间中央各部委颁布的有关老年人体育政策见表 3-1-2。

表 3-1-2　　1992—1998 年间中央各部委颁布的有关老年人体育政策一览表

序号	政策名称	出台年份	出台部门
1	《关于公共体育场所进一步发挥体育功能、积极向群众开放的通知》	1994	国家体委
2	《关于加强体育市场管理的通知》	1994	国家体委
3	《关于开展争创全国体育先进县活动的通知》	1994	国家体委
4	《关于加快发展社区服务业的意见》	1994	民政部
5	《中国老龄工作七年发展纲要（1994—2000 年）》	1994	国家部委等 10 部门
6	《关于公共体育场馆向群众开放通知》	1995	国家体委
7	《体育产业发展纲要》	1995	国家体委
8	《全民健身计划纲要》	1995	国家体委
9	《关于贯彻〈全民健身计划纲要〉实施"全民健身一二一工程"的意见》	1995	国家体委
10	《关于坚持开展广播体操活动的通知》	1995	国家体委
11	《中华人民共和国体育法》	1995	全国人大常委会
12	《关于深化改革加快发展县级体育事业的意见》	1996	国家体委
13	《中华人民共和国老年人权益保障法》	1996	全国人大常委会
14	《关于加强城市社区体育工作的意见》	1997	国家体委
15	《农村敬老院管理暂行办法》	1997	民政部

20 世纪 90 年代末，我国人口年龄结构逐渐向老龄型过渡，国家对老龄问题的关注度不断上升，国家开始意识到体育在应对人口老龄化方面的积极作用。全国人大常委会、国家体委、民政部等部门先后出台 15 个与老年人体育有关的政策。这些政策包括全国人大常委会通过的《中华人民共和国体育法》（以下简称《体育法》）和《中华人民共和国老年人权益保障法》，国家体委颁布的《关于公共体育场馆向群众开放通知》《全民健身计划纲要》《关于深化改革加快发展县级体育事业的

意见》等 10 个文件，民政部颁布的《关于加快发展社区服务业的意见》和《农村敬老院管理暂行办法》，国家部委等 10 部门颁布的《中国老龄工作七年发展纲要（1994—2000 年）》。这些政策的出台保障了老年人体育参与的权利，推动了老年人体育的发展。其中 1995 年国务院下发的《关于印发全民健身计划纲要的通知》中提出，要重视老年人的体质与健康问题，积极支持他们参加体育健身活动；1995 年全国人大常委会通过的《体育法》，首次从法律层面明确提到全社会应当关心支持老年人参加体育活动。1994 年，国家计委、民政部和劳动部等 10 部门联合出台的《中国老龄工作七年发展纲要（1994—2000 年）》，指出要组织广大老年人参加各种形式的体育锻炼、健身活动以减少疾病，增强体质，延缓衰老。1996 年全国人大常委会通过的《中华人民共和国老年人权益保障法》（以下简称《老年人权益保障法》）提出，国家和社会应该采取措施，开展适合老年人的群众性文化、体育、娱乐活动，丰富老年人的精神文化生活。

3.1.2.2　政策特点

这一时期老年人体育政策的主要特点是：从政策制定主体看，国家体委（1998 年改组成国家体育总局）逐渐意识到老年人体育的重要性，而迅速成为老年人体育政策制定的主要部门，这一阶段出台的 15 个文件中，有 10 个是由国家体委制定，占总数的 66.7%。全国人大常委会和国务院作为最高立法机关和行政机关开始逐渐发挥作用，出台法律法规保障老年人体育参与的权益。从政策内容看，虽然各个文件中关于老年人体育的内容相对较少，但老年人体育已经开始受到重视，其中《全民健身计划纲要》《老年人权益保障法》和《体育法》3 个影响至今的法律法规都首次专门提到老年人体育，为老年人体育参与权益提供了政策保障；从老年人体育社会支持主体看，《老年人权益保障法》首次提出了政府和社会共同采取措施，开展老年人体育活动，"社会"这一老年人体育支持主体开始出现在政府的政策视野中。

3.1.3 老年人体育政策的发展阶段（1999 年至 2010 年）

国际上人口老龄化的界定标准通常以 60 岁及以上人口超过总人口比例的 10%，或者 65 岁及以上老年人口超过总人口比例的 7%，参照这一标准，人口学界的研究普遍认为我国在 1999 年就已经进入了老龄化社会。同时，从体育层面来分析，这一年有了国家层面第一部关于老年人体育发展的专门规划《老年人体育发展规划》。鉴于此，本研究把 1999 年这个时间节点作为我国老年人体育发展的第三个阶段。

3.1.3.1 政策概况

1999—2010 年间中央各部委颁布的有关老年人体育政策见表 3 - 1 - 3。

表 3 - 1 - 3　1999—2010 年间中央各部委颁布的有关老年人体育政策一览表

序号	政策名称	发布年份	出台部门
1	《关于加强老年人体育工作的通知》	1999	体育总局
2	《关于加强老年文化工作的意见》	1999	文化部
3	《老年人体育发展规划》	2000	体育总局
4	《关于加强老龄工作的决定》	2000	国务院
5	《中国体育彩票全民健身工程管理暂行规定》	2000	体育总局
6	《2001—2010 年体育改革与发展纲要》	2000	体育总局
7	《关于加强社区残疾人工作的意见》	2000	民政部等 14 部门

续表1

序号	政策名称	发布年份	出台部门
8	《中国老龄事业发展"十五"计划纲要》	2001	国务院
9	《国民体质监测工作规定》	2001	体育总局等9部门
10	《关于加强老年卫生工作的通知》	2001	卫生部
11	《老年人社会福利机构基本规范》	2001	民政部
12	《"社区老年福利服务星光计划"实施方案》	2001	民政部
13	《关于进一步加强和改进新时期体育工作的意见》	2002	国务院
14	《农村体育工作暂行规定》	2002	体育总局
15	《2001—2010年体育科技发展规划》	2002	体育总局
16	《公共文化体育设施条例》	2003	国务院
17	《国民体质测定标准施行办法》	2003	体育总局
18	《普通人群体育锻炼标准》施行办法（试行）	2003	体育总局
19	《关于开展2005年国民体质监测工作的通知》	2004	体育总局等3部委
20	《关于制定国民经济和社会发展第十一个五年规划的建议》	2005	国务院
21	《关于进一步加强社会体育指导员工作的意见》	2005	体育总局
22	《关于加强老年人优待工作的意见》	2005	老龄委
23	《中共中央关于构建社会主义和谐社会若干重大问题的决定》	2006	国务院
24	《关于全面加强人口和计划生育工作统筹解决人口问题的决定》	2006	国务院
25	《关于加强和改进社区服务工作的意见》	2006	国务院
26	《关于发展城市社区卫生服务的指导意见》	2006	国务院
27	《体育事业"十一五"规划》	2006	体育总局
28	《中国老龄事业发展"十一五"规划》	2006	老龄委
29	《关于加强基层老龄工作的意见》	2006	老龄委
30	《中国老龄事业的发展》	2006	老龄委

续表2

序号	政策名称	发布年份	出台部门
31	《"十一五"农民体育健身工程建设规划》	2007	体育总局
32	《"十一五"社区服务体系发展规划》	2007	发改委、民政部
33	《城镇老年人设施规划规范》	2007	建设部
34	《关于全面推进居家养老服务工作的意见》	2008	老龄委等10部委
35	《全民健身条例》	2009	国务院
36	《关于组织开展"全民健身日"活动的通知》	2009	体育总局

随着全面进入老龄化社会，这一阶段政策的决策者们开始意识到老龄化社会给中国经济社会带来的危机和挑战，他们试图通过体育来增进老年人的健康水平，以减轻社会的负担。2001年北京申奥成功，极大地激发了全国人民的健身热情，老年人体育迎来了一个新的发展阶段，此阶段共出台36个与老年人体育有关的政策。国务院出台《关于加强老龄工作的决定》《关于进一步加强和改进新时期体育工作的意见》等10个文件，体育总局单独出台《关于加强老年人体育工作的通知》《老年人体育发展规划》等12个文件，老龄委出台《关于加强老年人优待工作的意见》《中国老龄事业的发展》等4个文件，民政部出台《老年人社会福利机构基本规范》和《"社区老年福利服务星光计划"实施方案》2个文件，文化部（现为文化和旅游部）出台《关于加强老年文化工作的意见》，卫生部出台《关于加强老年卫生工作的通知》，建设部出台《城镇老年人设施规划规范》，民政部等14部门联合出台《关于加强社区残疾人工作的意见》、体育总局等9部门联合出台《国民体质监测工作规定》、体育总局等3部委联合出台《关于开展2005年国民体质监测工作的

通知》、发改委、民政部两部门联合出台《"十一五"社区服务体系发展规划》、老龄委等 10 部委联合出台《关于全面推进居家养老服务工作的意见》。在这些政策中，1999 年国家体育总局印发的《关于加强老年人体育工作的通知》中指出，要发挥体育在丰富老年人生活和促进社会稳定等方面的作用。2000 年国家体育总局颁布的《2001—2010 年体育改革与发展纲要》中提出，要关注老年人、残疾人体育，新建体育场馆要照顾老年人、残疾人的特点，体育组织要为老年人、残疾人参加体育活动进行科学指导。同年，国家体育总局颁布了《老年人体育发展规划》，这是我国制定的第一部关于老年人体育发展的专门规划，高度肯定了体育参与在应对人口老龄化的积极作用。2001 年国家体育总局、教育部等 9 部门联合下发了《国民体质监测工作规定》，要求在全国体质测试中新增 60～69 岁老年体质测试组。2008 年老龄委联合发改委、教育部等 10 部委下发《关于全面推进居家养老服务工作的意见》，提出社区要大力推动专业化的老年医疗卫生、康复护理、文体娱乐等服务项目的开展。

3.1.3.2 政策特点

这一时期老年人体育政策的主要特点是：从政策制定主体看，在出台的 36 个相关政策文件中，国务院 6 个、体育总局 11 个、老龄委 4 个、民政部 2 个、多部门联合制定的 4 个。国家体育总局成为这一时期老年人体育政策制定的主要部门，老龄委作为国家应对人口老龄化问题的协调部门也在推动老年人体育的发展，并且开始形成跨部门联合制定政策的趋势。从政策内容看，出台了《老年人体育发展规划》这一专门针对老年人体育的发展规划，提出到 2015 年老年人体育发展目标，并对老年人体育的管理体制、活动经费、体育设施、专业人才培养等方面做出了规划。同时，2001 年出台的《国民体质监测工作规定》也首次在国民体质监测中成立了老年组。从老年人体育社会支持主体看，2006 年国家体育总局下发的《体育事业"十一五"规划》提出，鼓励企事业单位、社会团体、个人资助老年人体育健身活动，引导老年人进行自我健康投资和体育健身消费。

3.1.4 老年人体育政策的深化阶段（2011 年至今）

2011 年是国家十二五规划的第一年，同年《体育事业发展"十二五"规划》《社会养老服务体系建设"十二五"规划》《中国老龄事业发展"十二五"规划》《全民健身计划（2011—2015 年）》等与老年人体育有关的规划和政策都从这一年开始实施。同时，2010 年第六次人口普查数据公布，据此社科院发布权威预测信息，2011 年以后的 30 年里，中国人口老龄化将呈现加速发展态势，2030 年，中国 65 岁以上人口比例将超过日本，成为全球人口老龄化程度最高的国家。到 2050 年，中国社会将进入深度老龄化阶段。因此，本书把 2011 年这个时间节点确定为老年人体育政策深化阶段的起始点。

2011 年至今年中央各部委颁布的有关老年人体育政策见表 3-1-4。

表 3-1-4　2011 年至今中央各部委颁布的有关老年人体育政策一览表

序号	出台部门	政策名称	出台年份
1	《体育事业发展"十二五"规划》	2011	体育总局
2	《社会养老服务体系建设"十二五"规划》	2011	国务院
3	《中国老龄事业发展"十二五"规划》	2011	国务院

续表1

序号	出台部门	政策名称	出台年份
4	《全民健身计划（2011—2015 年）》	2011	国务院
5	《社会养老服务体系建设规划（2011—2015 年）》	2011	国务院
6	《关于进一步加强老年文化建设的意见》	2012	老龄委
7	《关于鼓励和引导民间资本进入养老服务领域的实施意见》	2012	民政部
8	《关于进一步加强老年文化建设的意见》	2012	老龄委等 16 部委
9	《关于加快发展养老服务业的若干意见》	2013	国务院
10	《关于促进健康服务业发展的若干意见》	2013	国务院
11	《关于开展养老服务业综合改革试点工作的通知》	2013	民政部、发改委
12	《关于进一步加强老年人优待工作的意见》	2013	老龄办等 24 部门
13	《国务院关于加快发展体育产业促进体育消费的若干意见》	2014	国务院
14	《关于培育和践行社会主义核心价值观加强老龄宣传教育工作的通知》	2014	老龄委等 10 部委
15	《体育总局关于加强和改进群众体育工作的意见》	2014	体育总局
16	《关于印发老年健康核心信息的通知》	2014	卫计委
17	《关于做好政府购买养老服务工作的通知》	2014	民政部等 4 部委
18	《关于推进城镇养老服务设施建设工作的通知》	2014	民政部等 4 部委
19	《关于开展养老服务和社区服务信息惠民工程试点工作的通知》	2014	民政部等 6 部委
20	《养老服务设施用地指导意见》	2014	国土资源部
21	《关于加快推进健康与养老服务工程建设的通知》	2014	发改委等 10 部委
22	《关于进一步加强新形势下老年人体育工作的意见》	2015	体育总局等 12 部门
23	《室外健身器材配建管理办法》	2015	体育总局
24	《关于进一步加强城乡社区老年协会建设的通知》	2015	老龄委、民政部
25	《关于推进医疗卫生与养老服务相结合的指导意见》	2015	卫计委等 8 部委

续表2

序号	出台部门	政策名称	出台年份
26	《关于加快构建现代公共文化服务体系的意见》	2015	国务院
27	《关于加快发展生活性服务业促进消费结构升级的指导意见》	2015	国务院
28	《关于鼓励民间资本参与养老服务业发展的实施意见》	2015	民政部门等10部委
29	《2016年中央财政支持社会组织参与社会服务项目实施方案》	2015	民政部门
30	《军队离休退休干部服务管理机构工作指引》	2015	民政部门
31	《国家开发银行关于开发性金融支持社会养老服务体系建设的实施意见》	2015	民政部、国家开发银行
32	《关于进一步扩大旅游文化体育健康养老教育培训等领域消费的意见》	2016	国务院
33	《关于加快发展健身休闲产业的指导意见》	2016	国务院
34	《体育发展"十三五"规划》	2016	体育总局
35	《体育产业发展"十三五"规划》	2016	体育总局
36	《"健康中国2030"规划纲要》	2016	国务院
37	《全民健身计划（2016—2020年）》	2016	国务院
38	《关于全面放开养老服务市场提升养老服务质量的若干意见》	2016	国务院
39	《关于促进消费带动转型升级的行动方案》	2016	发改委等24部委
40	《城乡社区服务体系建设规划（2016—2020年）》	2016	民政部等14部委
41	《关于中央财政支持开展居家和社区养老服务改革试点工作的通知》	2016	民政部、财政部
42	《关于印发老年教育发展规划（2016—2020年）的通知》	2016	国务院
43	《关于推进老年宜居环境建设的指导意见》	2016	老龄委
44	《关于加强健康促进与教育的指导意见》	2016	卫计委等12部委
45	《关于印发"十三五"国家老龄事业发展和养老体系建设规划的通知》	2017	国务院

续表 3

序号	出台部门	政策名称	出台年份
46	《关于加快发展商业养老保险的若干意见》	2017	国务院
47	《"十三五"健康老龄化规划》	2017	卫计委等 13 部委
48	《关于制定和实施老年人照顾服务项目的意见》	2017	国务院
49	《关于开展养老院服务质量建设专项行动的通知》	2017	民政部等 6 部委

3.1.4.1 政策概况

这一阶段老年人体育在各部门颁布的政策中受到了足够的重视，共出台 49 个与老年人体育有关的政策。这些政策包括国务院出台的《中国老龄事业发展"十二五"规划》《全民健身计划（2011—2015 年）》等 18 个文件，体育总局出台的《体育事业发展"十二五"规划》《体育总局关于加强和改进群众体育工作的意见》等 5 个文件，老龄委出台的《关于进一步加强老年文化建设的意见》《关于推进老年宜居环境建设的指导意见》等 2 个文件，民政部出台的《关于鼓励和引导民间资本进入养老服务领域的实施意见》《军队离休退休干部服务管理机构工作指引》等 3 个文件，卫计委（现为卫健委）出台的《关于印发老年健康核心信息的通知》，国土资源部出台的《养老服务设施用地指导意见》，民政部、发改委、老龄委等多部门先后联合出台的《关于加快推进健康与养老服务工程建设的通知》《关于进一步加强老年文化建设的意见》等 19 个文件。其中 2011 年国务院下发的《全民健身计划（2011—2015 年）》中提出，要重视发展老年人体育，建立健全老年人体育协会等；要广泛开展经常性的老年人体育健身活动，要不断创新适合老年人特点的体育健身项目和方法；公共体育设施对老年人参加体育活动应提供便利和优惠；鼓励老年人教育机构开设体育课程；老年人活动中心设置适合老年人体育活动的设施等。同时，在各部门的文件中，开始对老年人体育活动开展所需的场地设施、健身指导、体育组织做出了要求，如 2015 年国家体育总局出台的《关于进一步加强新形势下老年人体育工作的意见》，2016 年国家体育总局印发的《体育发展“十三五”规划》，2016 年国务院颁布的《全民健身计划（2016—2020 年)》等。此外，这一阶段出台的文件中对老年人体育开展的经费来源等相关配套政策也开始有所提及，如 2015 年民政部和国家开发银行下发《关于开发性金融支持社会养老服务体系建设的实施意见》，2014 年卫计委下发的《关于印发老年健康核心信息的通知》等，对老年人的运动强度、时间、项目作出了规划。

3.1.4.2　政策特点

这一时期老年人体育政策的主要特点是：从政策制定主体看，国务院出台的文件增多，意味着政策制定主体等级的提高。同时政策制定的部门也开始增多，国务院直属部门中有 24 个部委制定或参与制定了与老年人体育相关的政策，其中 19 个政策文件是由多部门联合制定的，占这一阶段老年人体育政策总数的 40%。如《关于进一步加强新形势下老年人体育工作的意见》就由国家体育总局等 12 部门联合制定的。从政策内容看，各部委文件中关于老年人体育的篇幅明显增多，内容更加细化，经费投入、场地设施供给、健身指导、活动开展等都在政策中有所体现。从老年人体育的社会支持主体看，提出鼓励社会组织、社会资本和个人等主体积极参与老年人体育，正式支持主体和非正式支持主体均在政策中有所体现。

3.2 我国老年人体育政策演进的主要特征

3.2.1 老年人体育政策的制定主体范围不断扩大

从老年人体育政策制定的主体看，20 世纪 80 年代的制定主体主要以中国老龄问题全国委员会和卫生部为主，如《关于老龄工作情况与今后活动计划要点》和《关于加强我国老年医疗卫生工作的意见》。到 20 世纪 90 年代，全国人大常委会和国家体委（国家体育总局）开始出台政策关注老年人体育活动的开展，如全国人大常委会出台《老年人权益保障法》和《体育法》，国家体育总局制定的《关于加强老年人体育工作的通知》和《老年人体育发展规划》。进入 21 世纪，许多部门意识到老年人体育的重要性，纷纷出台政策法规予以保障，如 2000 年国务院出台的《关于加强老龄工作的决定》、2005 年卫生部印发的《全国健康教育与健康促进工作规划纲要》、2006 年全国老龄委出台的《关于加强基层老龄工作的意见》、2007 年住建部出台《城镇老年人设施规划规范》、2014 年国土资源部出台《养老服务设施用地指导意见》等。2010 年后多部门联合制定老年人体育政策成为常态，如 2013 年老龄办、科技厅等 24 部门联合出台《关于进一步加强老年人优待工作的意见》，2014 年住建部、国土资源部等 4 部门联合出台《关于加强养老服务设施规划建设工作的通知》，2015 年国家体育总局、发展改革委等 12 部门联合印发《关于进一步加强新形势下老年人体育工作的意见》。这些政策文件的出台，表明了我国老年人体育政策制定主体不断增多，制定主体的级别不断提高，并且跨部门、多领域制定老年人体育政策成为常态。

3.2.2 老年人体育政策的内容更加具体

从老年人体育政策的内容看，从场地设施建设、经费投入管理、专业人才培养、体育组织建设等方面不断完善老年人体育活动开展所需的基础条件。1995 年国务院下发的《关于印发全民健身计划纲要的通知》中提出，各级政府要重视老年人的体质与健康问题，鼓励他们进行体育锻炼活动；1995 年全国人大常委会通过的《体育法》中明确提到，社会各界都应当关心、支持老年人参与体育活动。但以上政策只提到要支持老年人参与体育活动，对老年人体育参与中经费的来源、场地设施等方面都没有做出具体规定。2015 年出台的《关于进一步加强新形势下老年人体育工作的意见》，对老年人体育组织网络、老年人体育建设设施、体育建设活动、经费投入、健身指导等方面都作出了较为详细的规定。2016 年《全民健身计划（2016—2020 年）》更是提出各级政府要统筹规划建设公益性老年体育健身设施，不断完善社区老年体育设施与养老服务的衔接。同时，老年人体育政策内容的来源依据更加科学，全国老龄委、民政部和财政部 3 部门分别在 2002 年、2006 年、2010 年、2014 年先后 4 次进行了中国城乡老年人口状况抽样调查以及追踪调查，为政府决策部门掌握老年人口的状况提供了基础数据，也为各部门科学制定老年人体育政策提供了依据。

3.2.3 老年人体育社会支持主体日益多元化

改革开放初期，我国老年人体育的问题并未引起政府和社会各界的充分重视，在政策法规方面也基本上是将老年人体育政策融入到群众体育政策当中，老年人体育活动的开展都是由国家统一组织管理，政府也成为老年人体育社会支持体系中的唯一主体。如 1982 年国务院下发的《中共中央关于进一步发展体育运动的通知》指出，各级政府必须逐步增加体育事业经费和基建投资，使体育运动不断向新的广度和高度发展。政府包揽着包括老年人体育运动在内的一切体育活动，是唯一的支持主体。1999 年，我国正式进入老龄化社会，人口老龄化所带来的问题日益凸显。1999 年《关于加强老年人体育工作的通知》正式提出，鼓励企事业单位、社会团体等以各种形式对老年人体育工作给予经费支持，但这一文件还只是将社会支持老年人体育局限在经费支持上。随着企事业单位改革，我国社会保障制度由"国家—单位保障制"迈向"国家—社会保障制"，国家、单位不再对老年人体育实行大包大揽[1]，社会力量开始进入老年人体育政策的视野。2016 年，国务院下发《"健康中国 2030"规划纲要》，提出要鼓励社会力量参与老年人健身活动场地、健身器材的建设。同年，国务院办公厅《关于印发老年教育发展规划（2016—2020 年）的通知》也提出，支持和鼓励各类社会力量通过独资、合资、合作等形式举办或参与老年体育教育。从管理机构看，我国先后成立了中国老年体协、中国老年学会、老龄科学研究中心、全国老龄工作委员会、中国老年学和老年医学学会运动健康科学分会等老年人体育直接相关机构，为我国老年人体育政策的科学制定提供咨询参考。

---

〔1〕 郑功成. 中国社会保障改革与发展战略:理念、目标与行动方案[M]. 北京:人民出版社,2008:182-183.

3.3 本章小结

本章通过政策文本分析的方法，梳理了改革开放以来我国体育政策发展的历程。把我国老年人体育政策分为 4 个阶段：老年人体育政策的肇始阶段（1978 年至 1991 年）、老年人体育政策的探索阶段（1992 年至 1998 年）、老年人体育政策的发展阶段（1999 年至 2010 年）、老年人体育政策的深化阶段（2011 年至今），并分析了 4 个阶段老年人体育的政策概况与各个阶段的政策特点。在此基础上，总结了我国老年人体育政策的演进特点，这些特点表现在：老年人体育政策的制定主体范围不断扩大；老年人体育政策的内容更加具体；老年人体育社会支持主体日益多元化。

4 老年人体育活动及需求现状

了解老年人体育活动及需求现状是本书研究的基础，本章将通过对湖南省 14 个地州市的问卷调查、专家访谈与实地调研，了解我国城市老年人的体育活动及其需求现状。魅力质量理论相较于以往基于需求——满意度二维评价法，把服务的质量层次化，通过一维要素、必备要素、魅力要素、无差异要素和逆向要素 5 个要素能够更准确地区分顾客对服务质量的需求，并设计了专门的 Kano 模型来测算不同需求要素的满足对满意度的影响差异。这一理论有助于本书更为精准地了解城市老年人的体育需求以及老年人体育服务的质量。本章将应用这一理论来分析老年人体育活动需求现状，以期更准确地了解老年人体育需求层次。

4.1 经常参加体育锻炼的老年群体基本情况

4.1.1 年龄分布

参加体育锻炼的老年人年龄分布见表 4-1-1。

表 4-1-1　参加体育锻炼的老年人年龄分布统计表（$n=2153$）

	60～65 岁	66～70 岁	71～75 岁	76～80 岁	80 岁以上
人数/人	999	726	279	103	46
占比/%	46.40	33.72	12.96	4.78	2.14

2007 年第三次全国群众体育现状调查结果显示：60～69 岁老年人参加体育锻炼的人数比例为 28.4%，70 岁以上为 22.2%。60～69 岁老年人经常参加体育锻炼的人数比为

11.7%，70 岁以上为 8.5%[1]。本研究将老年群体分为 60—65 岁、66～70 岁、71～75 岁、76～80 岁及 80 岁以上 5 个年龄组，随机选择参与体育锻炼的老年人中，60～65 岁群体占 46.40%，66～70 岁占 33.72%，71～75 岁占 12.96%，76～80 岁占 4.78%，80 岁以上占 2.14%。由此可见，60～65 岁年龄段老年人是参加体育锻炼主要群体，参与体育锻炼的人数随着年龄的增长逐渐减少，这与老年人的生理状况有关，年龄越大能够参加的户外体育活动越来越有限。

4.1.2 性别分布

参加体育锻炼老年人性别分布见表 4-1-2 及图 4-1-1。

表 4-1-2　参加体育锻炼的老年人性别分布统计表 (n=2153)

	60～65 岁	66～70 岁	71～75 岁	76～80 岁	80 岁以上	总计
男/人	489	327	106	46	28	996
占比/%	49.10	32.83	10.64	4.62	2.81	46.26
女/人	568	369	134	50	36	1157
占比/%	49.09	31.89	11.58	4.32	3.11	53.74

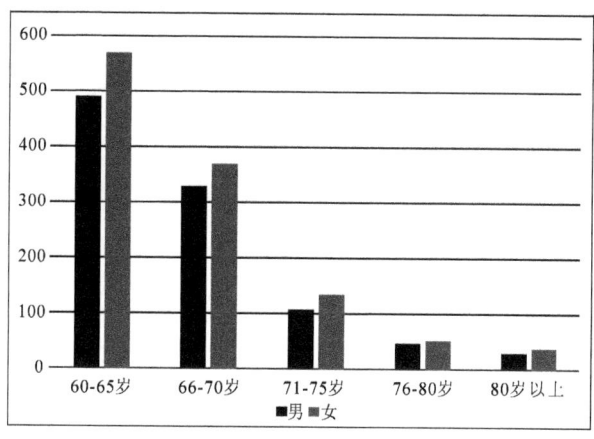

图 4-1-1　参加体育锻炼的老年人各年龄性别分布图

---

〔1〕 国家体育总局. 第三次全国群众体育现状调查报告(2007)[M]. 北京：人民体育出版社,2010.

由表 4-1-2 可见在性别分布上，女性参加体育锻炼的居多，共 1157 人，占 53.74％；男性略少，共 996 人，占 46.26％。随着年龄增长参加体育锻炼人群存在性别差异，75 岁以下女性比例高于男性，75 岁以上男性比例高于女性，这与我国老龄化社会特点中的高龄老年人以女性居多略显不符。

4.1.3 职业分布（表 4-1-3）

参加体育锻炼的老年人职业分布见表 4-1-3。

表 4-1-3　　　　参加体育锻炼的老年人职业分布统计表（$n=2153$）

	农民	工人	商人	教师	军人	医务人员	公务员	其他
人数	595	634	330	241	58	59	129	107
％	27.64	29.45	15.33	11.19	2.69	2.74	5.99	4.70

本次调研中，参加体育锻炼的老年群体的职业多种多样，其中职业分布集中在工人和农民，分别占总人数的 29.45％、27.64％。可见，老年人对体育锻炼的喜爱和认可与职业背景没有关系。进入老年阶段，各种职业背景的老年人追求身心健康，享受体育锻炼带来娱乐身心的效应的想法是基本一致的。

4.1.4 收入分布

参加调研的 2153 名老年人中，老年人月收入在 300 元以下的占比 5.02％，月收入在 301～500 元的占比 7.20％；而老年人月收入达到 2001～3000 元的占比 23.59％，在总样本中的占比突然增高，老年人月收入在 3001 元以上的占比 15.65％（表 4-1-4，图 4-1-2）。个别访谈的结果显示，月收入在 1000 元以下的老年人大多为农村过来带孙的老年人，经济上也有成年子女的生活补助。以上结果可以说明大部分老年人的生活保障基本能够满足老年群体的日常生活需求。

表 4-1-4　　参加体育锻炼的老年群体收入分布统计表（n=2153）

	300元以下	301~500元	501~700元	701~1000元	1001~1500元	1501~2000元	2001~3000元	3001元以上
人数/人	108	155	217	230	279	319	508	337
占比/%	5.02	7.20	10.08	10.68	12.96	14.82	23.59	15.65

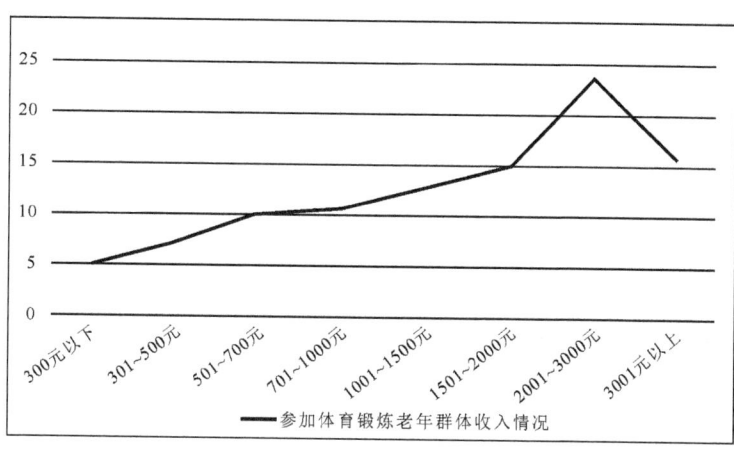

图 4-1-2　　参加体育锻炼的老年群体收入分布图

4.1.5　居住情况

参加体育锻炼的老年人居住情况见表表 4-1-5。

表 4-1-5　　参加体育锻炼的老年人居住情况统计表（n=2153）

	单独居住	夫妻居住	与子女同住	与父母同住	养老公寓居住	其他
人数/人	394	1119	552	21	54	13
占比/%	18.30	51.97	25.64	0.96	2.51	0.60

本次调研中，夫妻居住的老年人有 1119 人，占总人数的 51.97%，单独居住的老年人有 394 人，占总人数的 18.30%，呈现空巢率高的特点，随着社会的发展与生活水

平的提高，老年群体家庭生活的空巢化趋势将会继续升高。因此，体育锻炼如何融入空巢老年人尤其是独居老年人的晚年生活，以提高其晚年生活的质量，是一个需要引起社会关注的问题。

4.1.6　文化程度分布

现阶段处于老年期的老年人，大多数出生于 20 世纪四五十年代，受当时经济与社会发展等历史因素的影响，文化程度普遍偏低，本次参与调研的 2153 名老年人中具有初中以下文化程度的为 1679 人，占总样本的 77.99%。具有大学专科或本科的为 428 人，占总人数的 19.9%。具有研究生学历的为 46 人，占总人数的 2.14%（表 4-1-6）。

表 4-1-6　　参加体育锻炼的老年群体文化程度分布统计表（$n=2153$）

	小学	中学	大学专科或本科	研究生
人数/人	654	1025	428	46
占比/%	30.38	47.61	19.9	2.14

4.2　老年人体育活动情况

4.2.1　老年人每周参与体育锻炼次数情况

老年人每周参与体育锻炼次数见表 4-2-1。

表 4-2-1　　老年人每周参与体育锻炼次数统计表（$n=2153$）

	1 次	2 次	3 次	4~7 次	7 次以上
人数/人	65	385	485	1014	204
占比/%	3.02	17.88	22.53	47.10	9.47

调查结果显示，在锻炼次数上，47.10％的老年人每周参与体育锻炼的次数为4～7次，每天都参与体育锻炼的老人几乎占了总人数的10％，只有3.02％的老年人每周只锻炼1次，每周锻炼2次和3次的分别占总人口的17.88％、22.53％。这表明大部分老年人已经达到了体育人口的标准，能够清楚地认识到体育锻炼对身心健康产生的重要影响，而且已经付诸实践。

4.2.2 老年人体育锻炼时段与时长情况

表4-2-2　　　　老年人参加锻炼时段调查统计表（$n=2153$）

	早晨	上午	中午	下午	晚上
人数/人	787	186	23	487	670
占比/％	36.55	8.64	1.07	22.62	31.12

表4-2-3　　　　老年人体育锻炼持续时间统计表（$n=2153$）

	小于0.5h	0.5～1h	1～2h	2h
人数/人	130	1002	789	232
占比/％	6.04	46.54	36.65	10.78

由表4-2-2及表4-2-3可见，老年人体育锻炼时间多集中在早上和晚上，占总人数的67.67％；46.54％的老年人每次体育锻炼持续时间为0.5～1小时，36.65％的老年人每次体育锻炼持续时间达到1～2小时，10.78％的老年人每次锻炼持续时间甚至超过2小时，只有6.04％的老年人每次锻炼持续时间低于0.5小时。这表明老年人的空闲时间较多，健身意愿较为强烈。

4.2.3 老年人体育锻炼强度情况

在锻炼强度上，63.59％的老年人表示在参加体育锻炼时有呼吸与心跳加快、微微出汗的状态，22.99％的老年人在参加体育锻炼时能达到出汗较多、呼吸急促、心跳明显加快的状态，13.42％的老年人在参加体育锻炼时不会出汗，呼吸、心跳变化不大（图4-2-1）。这表明大多数老年人锻炼时强度适中，能达到锻炼的效果。

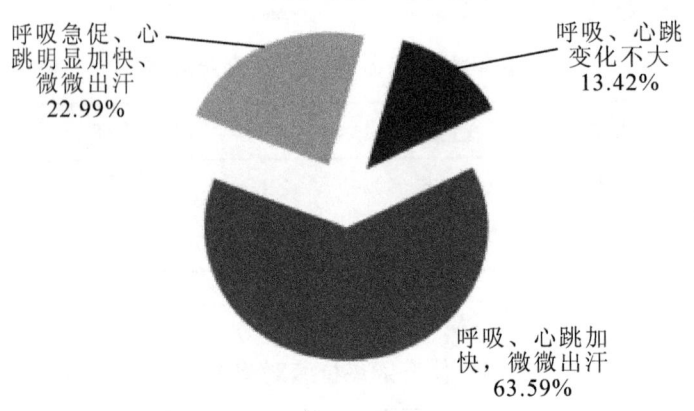

呼吸急促、心跳明显加快、微微出汗 22.99%

呼吸、心跳变化不大 13.42%

呼吸、心跳加快，微微出汗 63.59%

图4-2-1 老年人每次体育锻炼强度统计分析图

4.2.4 老年人参与体育锻炼的场地和项目情况

表4-2-4 老年人参与体育锻炼场所统计表（$n=2153$）

	自家庭院	社区	广场	公园	学校体育场馆	全民健身活动中心	健身会所	其他
人数/人	250	305	553	633	131	240	24	17
占比/%	11.61	14.17	25.69	29.40	6.08	11.15	1.11	0.79

在锻炼场所上，29.40％的老年人进行体育锻炼的场所为公园，25.69％的老年人选择在广场上进行体育锻炼，

14.17％的老年人在社区进行锻炼，只有 6.08％的老年人在学校体育场馆进行锻炼（表 4 - 2 - 4）。这表明目前学校体育场地的使用率和利用率还较低；在体育项目的选择上，老年人参与体育锻炼的项目主要集中在广场舞、快步走、慢跑、太极等项目，尤其是具有鲜明特色的广场舞，不仅激发了老年人体育锻炼的参与热情，而且已经成为近年来的体育热词。数据表明，大部分老年人希望自己身体和精神保持健康，对于继续融入社会生活有强烈的愿望，因此，大部分老年人养成了良好的体育锻炼习惯且健身需求越来越强烈。

4.3 老年人体育服务需求现状

4.3.1 体质监测服务需求

表 4 - 3 - 1　　老年人是否进行过体质测定服务统计表（$n=2153$）

	是	否，但是听说过	否，没有听过
人数/人	546	892	715
占比/％	20.36	41.43	33.21

表 4 - 3 - 2　　老年人体质监测服务需求统计表（$n=2153$）

	需要	不需要
人数/人	1680	473
占比/％	78.03	21.97

体质监测不同于医院的体检，属于主动预防行为。通过体质监测数据可以为老年人提供有针对性的"运动处方"。老年人参照"运动处方"进行有针对性的锻炼和饮食改善，可以提高身体素质，防患于未然。我国早在 21 世纪初就已

成立市一级国民体质监测中心，到 2010 年县、区一级国民体质监测已全面覆盖我国城市，2014 年国民体质监测中心免费向全社会开放。监测经费主要是由地方财政和各级体育彩票公益金中划拨专款。调查结果显示，41.43% 的老年人没有参加过体质测试，其中 33.21% 的老年人甚至没有听说过体质测试服务，只有 20.36% 的老年人接受过政府组织的体质测试服务。在体质监测服务需求上，78.03% 的老年人表示需要体质监测服务，21.97% 的老年人认为自己很了解自身的身体状况，完全不需要进行体质监测（表 4-3-1 及表 4-3-2）。

将老年人的人口学特征与体质监测需求情况进行卡方分析，可以看到收入和文化程度这两个变量卡方检验显著，其中收入 $x^2 = 27.728$，$sig \leqslant 0.001$；文化 $x^2 = 13.573$，$sig \leqslant 0.005$。从连列表结果看，在学历比较中，学历越高选择"希望"选项的占比越大，这表明文化程度与希望接受科学健身相关的培训有一定关系；在收入比较中，收入越高的人选择需要选项的越多，这表明收入越高的老年人越希望接受体质监测（表 4-3-3）。

表 4-3-3　　老年人体质监测服务需求的人口学特征分析（$n = 2153$）

		体质检测需求			
		需要/人	不需要/人	x^2	P
年龄	60~65 岁	711	188	6.386	0.172
	66~70 岁	542	107		
	71~75 岁	202	43		
	76~80 岁	50	11		
	80 岁以上	32	11		
性别	男	807	188	0.039	0.844
	女	751	179		

续表

		体质检测需求			
		需要/人	不需要/人	x^2	P
文化	小学	432	126	13.573	0.004
	中学	743	154		
	大学专科或本科	328	56		
	研究生	28	11		
收入/元	300 以下	97	29	27.728	0
	301～500	102	37		
	501～700	148	44		
	701～1000	168	43		
	1001～1500	182	54		
	1501～2000	239	54		
	2001～3000	341	54		
	3001 以上	266	37		

4.3.2　体育活动服务需求

表 4-3-4　　老年人所在社区是否举办过体育活动统计表（$n=2153$）

	是	否	不知道
人数/人	547	1150	456
占地/%	25.41	53.41	21.18

■有需求 68.36%
■没有需求 31.64%

31.64%
68.36%

图 4-3-1　老年人体育活动服务需求情况分析图

表 4-3-5　　老年人希望举办体育项目类型统计表（$n=2153$）

	趣味性体育活动	竞技性体育活动
人数/人	1841	312
比例/%	85.51	14.49

　　本次调查中，只有 25.41% 的老年人表示其所在的社区经常组织体育活动，53.41% 的老年人表示自己所在的社区很少举办老年人体育活动。这表明老年人体育中社区组织的体育活动服务的缺位。个别交谈的结果显示：举办过老年人体育活动的小区，老年人参与度也不是很高，甚至有 21.18% 的老年人根本不知道社区是否组织老年人体育活动。在体育活动服务需求上，68.36% 的老年人表示希望社区能经常举办体育活动，但也有 31.64% 的老年人对体育活动服务没有需求。根据调查与访谈的结果，出现以上情况的主要原因如下：一是社区的组织宣传不到位，没有激发老年人参与体育活动的兴趣；二是老年群体更喜欢有规律的日常体育锻炼，不喜欢参加竞赛和表演；三是内容和形式单调，整体层次偏低，开展的体育锻炼活动与老年人越来越高的体育需求矛盾突出。在对老年人希望定期举办哪些方面的体育项目活动的调查中，85.51% 的老人表示希望多举办趣味性体育活动，14.49% 的老人希望举办竞技性体育活动（表 4-3-4 及图 4-3-1、表 4-3-5）。

4.3.3　体育设施服务需求

表 4-3-6　　老年人体育锻炼场所离家距离情况统计表（$n=2153$）

	小于 5 分钟	6~10 分钟	11~15 分钟	16 分钟以上
人数/人	455	762	575	361
占比/%	21.13	35.39	26.71	16.77

锻炼场所离家庭住址的距离也是影响老年人体育活动参与的重要因素。本次调研的数据显示：56.52％的老年人表示经常参加体育锻炼的场所离家距离步行不超过10分钟，26.71％的老年人经常在步行需11～15分钟的场所参加体育锻炼，仅有16.77％的老年人在步行16分钟以上的场所进行体育锻炼。这表明15分钟健身圈的构建已经初见成效，但仍需加强体育场地的数量建设与合理规划。

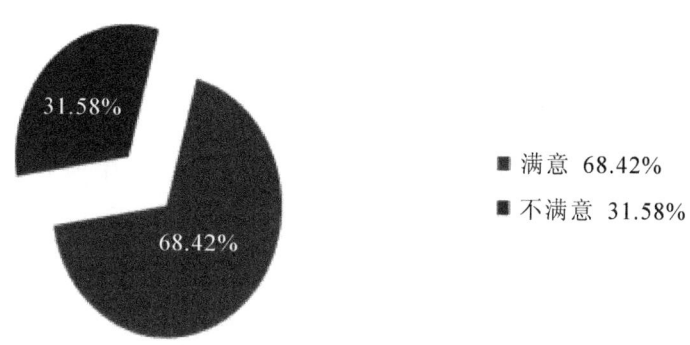

图 4-3-2 老年人体育设施服务满意度分析图

表 4-3-7 老年人认为公共体育场地存在问题统计表（n=2153）

	质量不高	数量缺乏	便利性不够	私人收费现象	没有问题
人数/人	521	764	106	369	393
占比/％	24.20	35.49	4.92	17.14	18.25

在实际调查中发现，68.42％的老年人认为现有体育场地设施能满足自己体育锻炼的需求，也有31.58％的老年人对现有体育场地设施表示不满意。不满意的原因主要集中在以下几个方面：一是体育设施总量不够，35.49％的老年人认为公共体育场地数量缺乏，老年人锻炼大多集中在清晨和傍晚，由于同一时间段锻炼人数多，公园和社区适合自己的

体育场地设施有限，不早点出门很难找到场地进行体育锻炼；二是老年人体育设施质量不高，许多公园中体育设施多年没有修缮，出现各种问题，如灯光昏暗、设施破旧、电源等配套设施不齐全；三是有部分公共体育场地存在私人收费现象。

将老年人的人口学特征与公共体育场地需要满足情况进行卡方分析，可以看到年龄、性别、文化3个变量卡方检验不显著，这表明这3个变量中老年人对不同社会体育场地服务的需求不明显；收入变量卡方检验显著，收入 $x^2 =$ 26.044，sig$\leqslant$0.001。从连列表结果看，收入水平越高的老年人群体体育设施需求程度越高（表4-3-6及图4-3-2、表4-3-7、表4-3-8）。

表4-3-8 老年人体育场地服务需求满足情况的人口学特征分析（$n=2153$）

		目前已有的公共体育场地能否满足您的体育锻炼需要			
		能/人	不能/人	x^2	P
年龄	60~65 岁	638	343		
	66~70 岁	410	284		
	71~75 岁	164	102	9.882	0.042
	76~80 岁	41	22		
	80 岁以上	22	23		
性别	男	661	430	2.226	0.136
	女	630	358		
文化	小学	351	252		
	中学	623	345		
	大学专科或本科	262	155	10.535	0.015
	研究生	21	24		

续表

| | 目前已有的公共体育场地
能否满足您的体育锻炼需要 | | | |
	能/人	不能/人	x^2	P
收入 /元				
300 以下	71	64		
301～500	98	56		
501～700	128	87		
701～1000	116	109	26.044	0
1001～1500	143	100		
1501～2000	200	111		
2001～3000	300	138		
3001 以上	212	121		

4.3.4　体育组织服务需求

■ 是 28.43%
■ 否 71.57%

图 4-3-3　老年人参与体育社团组织情况分析图

表 4-3-9　　老年人不参加体育类社团组织的原因统计表 ($n=2153$)

	没有合适的社团组织	自身主观不愿意参加	其他原因
人数/人	836	1182	135
比例/%	38.83	54.90	6.27

　　老年人体育组织是老年人参加体育锻炼的重要形式，也是满足老年人体育锻炼需求的有效手段[1]。目前，老年人体

---

〔1〕 杨成,寿在勇．老龄化社会背景下我国体育公共服务供给的缺位与补位——以广场舞为例[J]．沈阳体育学院学报,2015,34(02):29-35.

育组织大致可以分为官方体育组织和自发体育组织两种类型。扩大老年人体育组织的规模，可以丰富老年人参加体育锻炼形式，同时也可以更好地发挥老年人体育组织为老年人体育锻炼服务的作用。调查结果显示，老年人在参与体育锻炼时主要以个人为主，只有 28.43% 老年人参加了相关的体育组织或社团，主要以参与广场舞、太极等集体型运动的老年人为主；还有 71.57% 的老年人没有参加任何体育组织或社团。根据实际调查发现老年人没有参加体育组织或社团的主要原因如下：一是不愿意接受组织活动时间与场所的约束，54.90% 的老人主观不愿意参加体育类社团组织的原因在于他们不希望在锻炼时受到别人的约束和干扰，尤其是参与慢跑、快步走、钓鱼等个体运动的老年人；二是没能找到适合自身的体育组织，已有的老年人体育社团、体育组织大部分属于大型组织，难以为老年人个性化与多样化的体育锻炼需求提供切实的服务。

表 4-3-10 老年人体育组织服务需求的人口学特征分析 (n=2153)

		您更希望参加哪种类型的体育类社团组织			
		官方体育组织/人	自发性体育组织/人	x^2	P
年龄	60~65 岁	311	651		
	66~70 岁	191	465		
	71~75 岁	67	185	6.9	0.141
	76~80 岁	15	40		
	80 岁以上	17	23		
性别	男	335	715	1.483	0.223
	女	278	668		

续表

		您更希望参加哪种类型的体育类社团组织			
文化	小学	164	410		
	中学	276	655	6.833	0.077
	大学专科或本科	145	259		
	研究生	14	31		
收入/元	300 以下	30	97		
	301~500	43	108		
	501~700	46	165		
	701~1000	55	160		
	1001~1500	69	166	32	0
	1501~2000	93	204		
	2001~3000	139	283		
	3001 以上	130	184		

将老年人的人口学特征与体育指导服务需求情况进行卡方分析，可以看到年龄、性别、文化 3 个变量卡方检验不显著，这表明 3 个变量中老年人对不同社会体育组织的需求不明显。只有收入变量卡方检验显著，$x^2=32$，sig≤0.001。从连列表结果看，在收入比较中，整体上选择自发性体育组织的老年人要更多。1500 元以下的选项上，选择官方体育组织的较少，但在 1500 元以上的选项上，选择官方体育组织的越来越多（图 4 - 3 - 3 及表 4 - 3 - 9、表 4 - 3 - 10）。

4.3.5 体育指导服务需求

有
17.09%

没有
82.91%

图 3 - 4　老年人接受社会体育指导员指导情况分析图

表 4 - 3 - 11　　老年人对社会体育指导员需求情况统计表（$n=2153$）

	需要	不需要
人数/人	1147	1006
占地/%	53.27	46.73

　　健身指导服务是指对健身者进行体育知识、健身、组织管理等指导的服务。专业的健身指导可以帮助老年人预防可能发生的运动损伤，取得更好的健身效果[1]。但目前我国老年人大多数出生于 20 世纪 50 年代之前，很少接受过体育锻炼方面的专业学习，对科学体育锻炼缺乏清晰的认识，因此社会体育指导员在老年人体育健身中有着重要的作用。本次调查中，82.91% 的老年人参与体育锻炼未经历过专业人士的指导，只有 17.09% 的老年人表示曾接受过社会体育指导员的专业指导，其中大多数为广场舞群体中的领舞员，并不一定是有专业资质的社会体育指导员。在体育指导服务需求方面，46.73% 的老年人认为在体育锻炼时不需要专业人士进行指导，他们认为参与体育锻炼的目的只是自娱自乐，专业人士的指导反而会干扰他们习以为常的体育锻炼；

---

〔1〕 弋晶,葛菁. 老龄化进程中的我国老年人体育[J]. 体育文化导刊,2013
(07):28-31.

53.27％的老年人认为在体育锻炼时需要有专业人士进行指导。调查结果显示，持有社会体育指导员证件的专业人士，在老年人体育锻炼中没有起到应有的作用，真正起到指导作用的人员是没有相关社会体育指导员资格证件的社会力量。

表4-3-12　老年人体育指导服务需求的人口学特征分析（$n=2153$）

是否需要有专业的教练员

		需要/人	不需要/人	x^2	P
年龄	60～65 岁	512	458		
	66～70 岁	365	327		
	71～75 岁	115	144	6.331	0.176
	76～80 岁	31	29		
	80 岁以上	24	21		
性别	男	550	527	0.42	0.517
	女	515	466		
文化	小学	285	311		
	中学	481	471	16.046	0.001
	大学专科或本科	251	167		
	研究生	25	20		
收入/元	300 以下	69	61		
	301～500	66	84		
	501～700	90	117		
	701～1000	104	119	44.414	0
	1001～1500	114	134		
	1501～2000	151	160		
	2001～3000	244	192		
	3001 以上	215	113		

　　将老年人的人口学特征与体育指导服务需求情况进行卡方分析，可以看到年龄、性别两个变量卡方检验不显著，这表明这两个变量中老年人对不同社会体育指导的需求不明显。文化、收入变量两个卡方检验显著，收入 $x^2=44.414$，$\text{sig}\leqslant0.001$；文化 $x^2=16.046$，$\text{sig}\leqslant0.001$。从连列表结果看，在收入比较中，在 2000 元以下的选项上，选择不需要的占比多，需要的占比少；在 2000 元以上选项上选择需要的占比多，不需要的占比少。这表明收入越高的老年人在体育锻炼中更需要有专业指导。在文化比较中，文化程度在大专以上的群体，选择需要的占比多；文化程度在小学以下的选择需要占比少。这表明文化程度越高，对社会体育指导员的需求越高。

表 4-3-13　　　　老年人科学健身需求的人口学特征分析（$n=2153$）

| | | 您希望接受科学健身相关的培训吗 | | | |
		希望/人	不希望/人	x^2	P
年龄	60～65 岁	887	104	15.69	0.003
	66～70 岁	599	99		
	71～75 岁	216	51		
	76～80 岁	56	7		
	80 岁以上	37	7		
性别	男	951	150	0.942	0.332
	女	871	121		
文化	小学	493	114	31.114	0
	中学	874	99		
	大学专科或本科	383	41		
	研究生	42	3		

续表1

| | 您希望接受科学健身相关的培训吗 | | | |
		希望/人	不希望/人	x^2	P
收入 /元	300 以下	84	37		
	301～500	130	25		
	501～700	185	32		
	701～1000	194	33	57.552	0
	1001～1500	199	47		
	1501～2000	284	26		
	2001～3000	403	40		
	3001 以上	310	24		

将老年人的人口学特征与体育指导服务需求情况进行卡方分析，可以看到文化、收入两个变量卡方检验显著，其中文化 $x^2 = 31.114$，sig$\leqslant$0.001；收入 $x^2 = 57.552$，sig$\leqslant$0.001。从连列表结果看，在文化比较中，学历越高选择"希望"选项的占比越大，这表明学历越高越希望接受科学健身相关的培训；在收入比较中，收入越高的人选择希望选项的越多，这表明收入越高的老年人越希望接受科学健身知识培训（图4-3-4及表4-3-11至表4-3-13）。

4.3.6 体育信息服务需求

表4-3-14　　　　老年人科学健身知识了解情况统计表（n=2153）

	了解	不了解
人数/人	906	1247
占地/%	42.08	57.92

表 4-3-15　　　　老年人体育信息服务需求统计表（$n=2153$）

	需要	不需要
人数/人	1450	703
占地/%	67.35	32.65

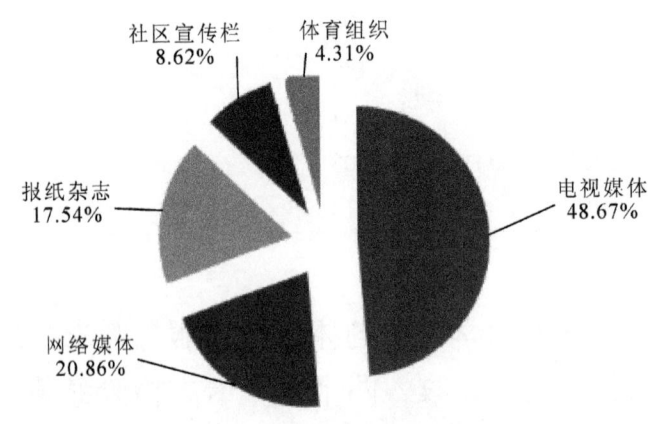

图 4-3-5　　　　老年人体育信息来源情况分析图

表 4-3-16　　　　老年人希望接受体育信息类型统计表（$n=2153$）

	体育赛事信息	体育技能培训	体育健身知识讲座
人数/人	412	617	1124
占地/%	19.14	28.66	52.20

　　体育信息服务主要是指通过电视、网络、报纸、杂志、社区宣传栏等多种形式普及体育知识，推广健身方法的老年人体育服务[1]。在本次调查中，42.08%的老年人表示对健身知识有一定的了解，57.92%的老年人表示不了解科学健身的知识。在体育信息需求方面，67.35%的老年人希望社

---

　　〔1〕 刘永强，屠其雷．体育服务老年人的体系构建探讨[J]．体育文化导刊，2012(09):20-23.

区能够提供体育健身知识和体育活动等相关信息；32.65％的老年人认为不需要提供科学健身等信息，这些并不影响他们自身的体育锻炼。在获取体育信息的渠道方面，通过电视媒体获取体育信息的老年人的比例为48.67％；通过网络媒体获取体育信息的比例为20.86％；17.54％的老年人获取体育信息的渠道为报纸杂志；仅有不到13％的老年人获取体育信息的渠道为社区和体育组织。这表明社区和体育组织在老年人体育信息服务支持上严重缺失。在老年人对体育信息需求类型方面，52.20％的老年人希望接受体育健身知识的讲座，28.66％希望获取体育技能培训的信息，只有不到20％的老年人希望多提供体育赛事方面的信息。

表 4-3-17 老年人体育信息服务需求的人口学特征分析（$n=2153$）

| | | \multicolumn{3}{c}{您希望经常接受到哪些方面的体育信息} | | |
		体育赛事信息 /人	体育技能培训 /人	健身知识讲座 /人	x^2	P
年龄	60～65 岁	191	259	514		
	66～70 岁	140	170	370		
	71～75 岁	39	60	160	14.889	0.061
	76～80 岁	13	8	38		
	80 岁以上	13	12	19		
性别	男	250	289	536	22.224	0
	女	158	227	570		
文化	小学	111	138	340		
	中学	181	230	533	30.773	0
	大学专科或本科	83	121	209		
	研究生	15	21	8		

续表 1

		您希望经常接受到哪些方面的体育信息				
		体育赛事信息/人	体育技能培训/人	健身知识讲座/人	x^2	P
收入/元	300 以下	29	33	66		
	301~500	29	51	72		
	501~700	35	58	118		
	701~1000	45	46	132	28.041	0.014
	1001~1500	39	69	133		
	1501~2000	55	78	169		
	2001~3000	75	104	250		
	3001 以上	89	75	160		

将老年人的人口学特征与体育信息服务需求情况进行卡方分析，可以看到性别、文化两个变量卡方检验显著，其中性别 $x^2 = 22.224$，sig $\leqslant 0.001$；文化 $x^2 = 30.773$，sig $\leqslant 0.001$。从连列表结果看，在性别比较中，男女普遍都希望接受健身知识讲座，但在体育赛事信息、体育技能培训选项上，男性较为平均，女性则对体育赛事信息的关注度没那么高。在文化比较中，中学及以下的老年人明显更希望接受健身知识讲座，而大学专科或本科的老年人则 3 个选项较为平均（表 4-3-14 至表 4-3-17 及图 4-3-5）。

4.4 基于魅力质量理论及 Kano 模型的老年人体育服务需求层次分析

为更加准确地展现老年人体育服务需求的满足和满意度

之间的关系，采用魅力质量理论与 Kano 模型进行分析。公共服务具备公共性和普惠性，因此在服务支持中不会出现逆向要素（R）的"满足"和"满意度"2 个维度。因此，依据服务要素的重要程度，老年人的体育服务需求可划分为 4 种层次类型：必备要素（M），即老年人根据自身体育锻炼的需要，认为在体育参与中必须具备的服务内容；一维要素（O），即老年人希望能够提供的预期体育服务内容；魅力要素（A），指的是老年人还未明确提出或尚未意识到的、超出老年人自身预期的体育服务内容；无关要素（I），指的是老年人认为与体育参与不相关联的体育服务内容。魅力质量理论的核心理念在老年人体育服务需求的体现在于，必备要素（M）、魅力要素（A）呈现出体育服务提供与老年人满意度的非线性关系。对于必备要素而言，该层次体育服务项目不会明显提高老年人的体育服务满意度，但是这一体育服务项目的不足或者是缺乏将会明显降低老年人体育服务的满意度。对于魅力要素而言，该层次体育服务项目支持将极大提升老年人体育服务的满意度，但魅力要素服务项目的缺失不会影响老年人对体育服务的满意度。一维要素（O）的满足与否与满意度的变化呈现出线性关系，也就是说一维要素服务项目的满足（未满足）将会推动老年人对体育服务满意度的提高（下降）。基于魅力质量理论和 Kano 模型，在对老年人体育服务需求的识别和排序的过程中，应在确定各体育服务项目需求层次划分的基础上，对比各服务需求要素间的满意度/不满意度系数，即遵循"M>O>A"的满足顺序，对 DS 或 CS 系数较为显著的需求要素优先考虑[1]。在老年人体育服务需求问卷设计上，主

---

[1]　石宏伟,高凌静.提高社区卫生服务魅力质量的对策研究[J].中国全科医学,2011,14(22):2492-2495.

要是依据本文第 2 部分对老年人体育服务内容的界定，分为体育设施、体育活动、体育组织、体育指导、体育信息和体质监测六大类，细分出 23 项具体服务项目（表 4-4-1）。并依据 Kano 模型对 23 项老年人体育服务项目的需求进行"正/反"两种问题设计，即当某项体育服务可以提供（不提供），您的满意（不满意）程度如何？

表 4-4-1   老年人体育服务需求内容设计

分类	编号	服务项目
体质监测服务	N1	监测点进社区服务
	N2	体质监测站
	N3	运动处方设计
体育活动服务	N4	趣味性体育活动
	N5	竞技性体育比赛
体育信息服务	N6	周边场地器材情况
	N7	体育活动信息
	N8	体育旅游信息
	N9	运动项目相关历史及理论
	N10	国家及地方的体育政策法规
体育设施服务	N11	健身路径
	N12	空地
	N13	健身器材
	N14	田径场
	N15	各类球场（篮球、足球、门球等）
体育指导服务	N16	运动技能培训
	N17	体育规则讲解
	N18	健康养生知识传授
	N19	科学健身指导
体育组织服务	N20	官方体育组织
	N21	草根体育组织
	N22	组织日常锻炼
	N23	组织参加体育活动（赛事）

通过对老年人体育服务需求的统计，首先根据老年人对各项体育服务项目需求"正/反"问题的选择，对照 Kano 模型的需求划分表，确定总样本中 2153 位老人对 23 项体育服务项目的需求层次，并对各项老年人体育服务项目 M、O、A、I 等 4 项指标的出现频率进行统计，根据指标出现频率来确定每种体育服务项目的整体需求层次。其次，根据公式 1、公式 2 计算出老年人对各项体育服务项目需求的满意度系数（CS）和不满意度系数（DS）。此外，由于必备要素、一维要素、魅力要素和无关要素可以分别体现出老年人对不同体育服务项目的需求程度（即 M>O>A>I），因此本文引入 Kano 模型分析常用重要度系数（Importance Degree，ID），来对各项服务项目进行需求层次分类。重要度系数（ID）是通过对老年人体育服务 4 个要素层次进行赋值（M =5，O =3，A =1，I =0），并计算出相应的整体均值。因此主要通过需求层次、重要度（ID）、满意度系数（CS）和不满意度系数（DS）4 项指标对 23 项老年人体育服务项目的需求进行排序。结果显示，按照重要度系数（ID）降序排列的 23 项老年人体育服务需求中，可以划分出 7 项必备要素（M）、4 项一维要素（O）、7 项魅力要素（A）和 5 项无关要素（表 4 - 4 - 2）。

表 4 - 4 - 2　　　　　　　老年人体育服务需求排序（ID 序列）

编号	需求层次	ID	CS	DS	M	O	A	I	服务分类
N13	必备要素	4.664	0.169	−0.999	1794	357	0	2	体育设施服务
N12	必备要素	4.616	0.188	−0.998	1746	402	2	3	体育设施服务
N6	必备要素	4.527	0.208	−0.987	1682	444	4	23	体育信息服务
N11	必备要素	4.504	0.216	−0.982	1667	448	18	20	体育设施服务
N22	必备要素	4.426	0.217	−0.969	1629	458	10	56	体育组织服务
N19	必备要素	4.377	0.249	−0.972	1567	526	10	50	体育指导服务
N7	必备要素	4.226	0.260	−0.946	1488	549	11	105	体育信息服务

续表1

编号	需求层次	ID	CS	DS	M	O	A	I	服务分类
N14	一般要素	3.958	0.408	−0.940	1199	824	55	75	体育设施服务
N16	一般要素	3.741	0.496	−0.912	1020	943	125	65	体育指导服务
N2	一般要素	2.970	0.690	−0.759	547	1087	398	121	体质监测服务
N21	一般要素	2.778	0.691	−0.693	503	990	498	162	体育组织服务
N1	魅力要素	2.263	0.753	−0.449	429	528	1094	92	体质监测服务
N4	魅力要素	2.097	0.764	−0.405	375	497	1148	133	体育活动服务
N3	魅力要素	1.989	0.795	−0.372	324	476	1235	118	体质监测服务
N18	魅力要素	1.807	0.869	−0.350	171	582	1290	110	体育指导服务
N15	魅力要素	1.652	0.833	−0.294	165	469	1349	195	体育设施服务
N23	魅力要素	1.629	0.888	−0.269	145	435	1477	96	体育组织服务
N5	魅力要素	1.424	0.736	−0.248	137	398	1187	431	体育活动服务
N8	无关要素	0.864	0.556	−0.109	64	172	1026	891	体育信息服务
N9	无关要素	0.754	0.519	−0.085	47	136	982	988	体育信息服务
N10	无关要素	0.662	0.504	−0.057	35	88	987	1043	体育信息服务
N17	无关要素	0.601	0.462	−0.049	30	75	919	1129	体育指导服务
N20	无关要素	0.568	0.439	−0.045	28	69	876	1180	体育组织服务

4.4.1 老年人体育服务需求的必备要素

必备要素是指老年人认为体育服务中必须具备的服务内容，是影响老年人体育参与最为重要的体育服务需求。从计算结果看，必备要素的重要度系数（ID）普遍高于其他要素。从7项必备要素的具体构成来看，设施3项、信息2项、指导1项、组织1项，具体为健身器材、空地、周边场地器材情况、健身路径、科学健身指导、体育活动信息和组织日常锻炼等。根据魅力质量理论，上述7项体育服务的缺失或不足将严重影响老年人对体育服务的满意度。

必备要素反映了老年人在体育参与过程中秩序和便利性的基本需求特征。虽然这 7 项服务都是必需的，但每个体育服务项目对老年人重要性和满意度的影响也是不同的。其中健身器材和开放空间是最重要的要素（ID 系数），被选为"无关要素（I）"的次数不超过 3 次，其 DS 系数非常接近于－1，这也表明一旦这些服务得不到满足，将极大程度地影响老年人对体育服务的满意度，也凸显出这些服务的重要性。科学健身指导（N19）、组织日常锻炼（N7）这 2 项服务的 ID、CS、DS 指数和 M、O、A、I 的划分频率较为均衡，这表明绝大多数老年人希望相关部门能够同时提供 3 项服务，在实际调查中发现老年人希望有人能够组织他们进行日常锻炼，同时也希望这个组织的人能够提供一些科学健身指导。在体育信息的获取上，老年人更加倾向于了解周边场地器材情况和体育活动信息。虽然科学健身指导（N19）、体育活动信息（N7）在 7 项必备要素中的重要度（ID）指数排名最低，分别为 4.377、4.226，但这 2 项服务的无关要素（I）频率均低于所有样本的 2%。结果表明，98% 以上的老年人仍然希望体育主管部门能够提供服务；M、O、A 3 项指标的划分频率相对平均，这说明老年人认为科学健身（N19）与体育活动信息（N7）这 2 项体育服务的重要程度并没有前面 5 项的体育服务项目需求那样集中。

4.4.2　老年人体育服务需求的一维要素

如前所述，一维要素是老年人希望社会支持主体在体育参与过程中能够提供的预期服务内容，这直接关系到老年人对体育服务的满意度。一维要素的供给或不足，将直接提高或降低老年人对体育服务满意度。4 个一维要素包括田径场、运动技能培训、体质监测站点、草根体育组织。然而，就 4 个指标 M、O、A 和 I 的构成而言，魅力要素（A）特别是无关要素（I）的频率相较于必备要素来说有所增加，因此一维要素需求重要程度相对降低。

在老年人体育服务一维要素的需求内容方面，进一步反映了老年人在保障基本日常体育活动的基础上，对更高水平的体育服务的需求倾向。一方面，与必备要素相比，一维要素包括体育技能、身体监测和组织服务功能，主要体现的是老年人对体育服务项目功能需求的延伸。例如，与健身器材、空地相比，对体质监测站点需求，反映出老年人的需求已不仅仅局限在日常的体育休闲活动，而是追寻更高级的疾病预防与维持健康的需求。以此来看，运动技能培训与民间体育组织的服务，会进一步提高老年人参与体育活动的积极性。另一方面，体现了老年人对精神类体育服务项目的需求。我国老年人普遍面临着精神生活缺失、社会参与机会不足等问题。老年人对基层体育组织（N21）的需求不仅体现了老年人体育参与的需求，更体现了老年人对社会互动、精神满足的需求。社会学学者认为，公民对公共服务的基本需求和政府提供公共服务的最小范围可将基本公共服务分为保障性公共服务和发展性公共服务[1]。根据此观点，保障性老年人公共体育服务是指大多数老年人进行体育参与所需的最低要求。通过对数据的分析可以看出，7 项必备要素与 4 项一维要素均属于老年人体育活动开展的保障性服务，如果得不到满足将大大影响老年人对体育服务整体的满意度。

---

〔1〕 孟娣娟. 城市中老年人居住偏好及居家养老服务需求分析[D]. 南京：南京中医药大学,2017.

4.4.3　老年人体育服务需求的魅力要素

老年人体育服务的魅力要素是指非老年人参与锻炼的必备要素但提供这类服务能起到超出其预期的体育服务项目。对魅力要素的判断主要受老年人对体育服务的认知和体验的影响。根据数据分析，老年人体育服务有 7 个魅力要素，其中体育监测服务 2 个，体育活动服务 2 个，体育指导服务 1 个，体育组织服务 1 个，体育设施服务 1 个。与必备要素和一维要素相比，魅力要素在需求的重要度系数（ID）和不满意度系数（DS）两项指标的数值偏低，但它的满意度系数（CS）整体偏高。这也意味着，如果魅力要素能够被满足，那么老年人对体育服务的满意度将会迅速提升。

如果老年人每天能够正常参与体育锻炼，魅力要素的内容构成能体现各项体育服务项目内容的丰富程度与体育服务功能的延伸。一方面，在体质监测服务中，外部社会服务的辅助作用进一步回归到社区的基本功能，即老年人希望在社区内能够满足更多的服务需求。如体质监测点进社区服务（N1），不仅可以减少老年人外出的不便，进一步为老年人体质监测服务提供方便，而且通过与运动处方设计（N3）搭配进行医体结合，实行服务功能向社区下沉与延伸，实现社区体育参与内容的多元化。另一方面，体现在需求层次和内容丰富度的不断提高，如趣味性体育活动（N4）、各类球场（N15）和组织参加体育活动、赛事（N23）、竞技性体育赛事（N5）等。在所有要素中首次出现了体育活动服务，不仅有趣味性体育活动，更有竞技性体育比赛，表现出老年人在获得保障性体育服务的基础上，渴望获得更高层次、更为丰富的体育服务内容；同时也反映出老年人对主动性、日常性社会互动的需求。魅力要素和一般要素均属于发展性老年人体育服务，其特点在于这两种要素的有效支持将极大提升老年人对体育服务的满意度，这对于经济水平发展较好的地区在老年人体育服务社会支持策略方面具有极大的参考价值。

4.4.4 老年人体育服务需求的无关要素

无关要素是指老年人认为与自身参与体育活动无关的要素，对自身从事体育锻炼没有影响的服务项目。此次调查中，共有 5 项服务被划分为无关要素，其中体育信息服务 3 项，体育指导服务、体育组织服务各 1 项。与其他 3 项要素相比，无关要素的在需求的重要度（ID）、满意度系数（CS）和不满意度系数（DS）3 项指标数值较低。也就是说，无关要素的满足与否，将不影响老年人对体育服务的评价。

在无关要素的内容构成方面，反映出当下老年人体育参与的非正式性、非专业性等特点，在实际的调查中发现，老年人普遍对官方体育组织（N20）缺乏好感，更加倾向于草根体育组织。对相关运动专业理论知识（N9）没有兴趣，认为在进行体育参与中不需要这类服务。受制于经济水平和消费观念，老年人对体育旅游信息也关注较少。老年人参与体育锻炼的项目主要集中在广场舞、快步走、慢跑、太极等项目，对体育规则的讲解（N17）缺乏兴趣，对国家及地方的体育政策法规（N10）也只是被动接受，不会主动了解和咨询。故各地区老年人体育服务社会支持在经费和人员有限的情况下，可以消减这类服务要素的投入。

4.5 本章小结

本章通过问卷调查的方法，从经常参加锻炼的老年群体的基本情况、老年人体育活动情况、老年人体育服务需求情况4个方面调查了老年人的体育服务需求,并应用魅力质量理论与Kano模型来分析老年人的体育需求层次。研究认为,老年人体育服务的需求层次及其优先满足序列表现为:7项必备要素是健身器材、空地、周边场地器材情况、健身路径、科学健身指导、体育活动信息和组织日常锻炼;4项一维要素是田径场、运动技能培训、体质监测站点和草根体育组织;7项魅力要素是体质监测点进社区服务、运动处方设计、趣味性体育活动、各类球场提供、组织参加体育活动和赛事、竞技性体育赛事及健康养生知识传授;5项无关要素是官方体育组织、相关运动专业知识、体育规则、体育政策法规及体育旅游。

5 我国老年人体育服务社会支持困境

现代思维科学认为：问题是思维的起点，任何思维过程总是指向某一具体问题的。发现问题也是科学创新的前提，一切创新活动都是始于问题。本部分在分析我国老年人体育服务需求的基础上，基于实地考察与访谈的结果，从支持主体、支持内容与支持形式 3 个层面深入探究我国老年人体育服务的现状，提炼出我国老年人体育服务社会支持困境所在，旨在为第 7 部分的系统构建与第 8 部分路径的提出奠定基础。

5.1 支持主体层面

5.1.1 正式社会支持主体未能发挥应有的支持作用

5.1.1.1 政府支持不足

1. 老年人体育政策支持的不足

分析我国老年人体育政策的发展历程及其演变过程，我国的老年人体育政策支持还存在以下问题：一是政策内容衔接不够。如 1996 年出台的《老年人权益保障法》中提出，国家和社会应该采取措施开展适合老年人的群众性文化、体育、娱乐活动。但同年出台的《中国成年人体质测定标准施行办法》中，却没有适用于 60 岁以上老年人的测定标准。直到 2001 年的《国民体质监测工作规定》才有了正式的老年组的测定标准。又如 2000 年出台的《老年人体育发展规划》对 5 年之后的 2005 年，10 年之后的 2010 年老年人体育发展目标都做出了规划，但是截至 2017 年没有后续的老年人体育规划出台。二是缺乏相应的配套政策。如我国《老年人权益保障法》中，虽然规定了老年人具有体育参与的权利，提出"建立适应老年人需要的生活服务、文化体育活动、疾病护理与康复等服务设施和网点，就近为老年人提供服务"，但没有任何其他配套的政策对这一法律条款的具体实施内容和实施方式作出细致安排。《体育法》中提出，"全社会应当关心、支持老年人、残疾人参加体育活动。各级人民政府应当采取措施，为老年人、残疾人参加体育活动提供方便"，也没有配套的政策对全社会如何关心、如何支持老年人体育活动做出具体安排。导致法律条文束之高阁，没能落地变成切实保障老年人的体育权益的手段。三是政策内容的实操性不强。我国老年人体育政策宏观，缺乏具体配套措施保障，导致老年人体育政策实操性不强，政策的实施效果也难以评估。如《关于进一步加强新形势下老年人体育工作的意见》中规定，"鼓励街道、乡镇聘用体育专业人才从事老年人体育健身服务工作""要积极为老年人开展体育赛事活动提供服务保障"等，也没有具体的强制性规定、相关部门落实及相关经费投入、场地支持、健身指导、活动开展，乃至伤害保险等众多方面执行性规定。四是政策难以调动社会支持的积极性。广泛调动全社会的力量来共同推进我国老年人体育的发展是老年人体育政策的目标之一。我国老年人体育目前仍以政府支持为主，政策的引导和激励措施的力度不够，导致社会参与的积极性不高。

2. 体育场地设施供给不足

我国目前平均每万人拥有体育场地 12.45 个，人均体育场地面积 1.46m²，近 10 年来，在体育场地建设总建筑面积增长 245.33%，人均体育场地面积增长 41.75%，全国体育场地总用地面积增长 76.98%，全国新建全民建设器械 330.03 万件，登山步道 0.12 万条，城市健身步道 0.72 万条，新建三大球场 51.47 万个[1]。这些数据表明政府在体育场地设施支持上已经做出了很大的努力。但在实地调研与访谈的过程中仍然发现，随着老年人健身意识的增强，许多健身广场、公园、健身步道十分拥堵、人满为患，限制了老年人的体育锻炼。近年来，时常出现老年人跳广场舞与其他锻炼群体争抢场地的现象，这反映出虽然政府在不断增加体育场地设施的供给，但仍然不能满足老年群体日益增长的体育需求。究其原因，一方面表现在体育场地设施总量的缺乏；另一方面表现在体育场地设施分布的不均衡。此外，场地设施信息资源的缺乏、现有体育场地设施未能合理利用等也是导致设施供给不足的原因。而解决这些问题单靠政府部门的努力的确显得力不从心。因此，迫切需要社会力量与市场力量的引入与补充。

5.1.1.2 体育社团支持乏力

在公共物品的提供上，由于"政府的有限理性"以及市场机制的趋利避害的规避特性，给体育社团等社会组织提供了老年人体育服务的社会支持的合法性。政府与市场不仅可能存在效率低下的问题，还有可能侵害"社会的利益"。因此，需要社会组织这类"第三方组织"来进行补充。与政府组织相比，社会组织具有开创性、专业性和灵活性等特点，

---

[1] 第六次全国体育场地普查数据发布[EB/OL]. http://www.gov.cn/xinwen/2014-12/26/content_2797521.htm 2014-12-26.

可以为老年人提供方方面面的支持和服务，包括物质资金帮扶、传递体育信息、体育指导、体育活动组织等不同的支持内容[1]。相对于其他支持主体来说，体育社团对老年人的支持更细致更具体。此外，体育社团往往有较强的地域性，根据各区域所独有的社会、经济、文化条件，采取更灵活的支持方式，可以更好地为老年人提供多元化、个性化的支持内容。然而，就目前现有老年人体育社会支持体系来看，体育社团发挥的作用仍非常薄弱，仅限于体育指导和偶尔的志愿服务。这一方面是由于在"强政府、弱社会"的影响下，非营利性组织所发挥的作用受限；另一方面是由于非政府组织自身能力欠缺，难以承担起老年人体育服务的责任。老年人体育社团目前存在如下主要问题：其一，活动经费有限。老年人体育协会每年的经费维持缺乏政策与法规规定，受老年人体育协会参与者的弱势群体属性的影响，企业赞助与社会捐赠来源不多，而且大多数老年人体育社团组织自身没有能力创办实体，因此老年人体育社团普遍存在经费不足的问题。其二，服务人员不足。专职、专业的工作人员少，年龄偏大，工作开展困难，活力不足。其三，管理经验缺乏。我国虽然已经建立了从中央到社区的5级老年人体育协会网络，但大多数都是在近几年内才组建发展起来的，老年人体育工作经验不足[2]。

5.1.1.3　体育志愿组织服务不足

日本体育白皮书认为体育志愿者（sports volunteer）是

〔1〕 冯欣欣，曹继红．政府与非营利体育组织合作：理论逻辑与模式转变——基于资源依赖的视角[J]．天津体育学院学报，2012，27(04)：297－302．

〔2〕 冯晓丽，畅欣．制度变迁视野下山西省老年人体育协会的发展[J]．体育学刊，2014，21(06)：34－37．

指"为推进社会、社区、个人及团体体育的发展而不以换取报酬为目的提供自己的劳动、技术和时间的一种活动"[1]。体育志愿者参加体育服务公益性活动并从中获得社会成就感与个人价值的实现，体现了参与者积极进取、无私奉献的精神。老年人体育志愿行为激发了公民自豪感和社会责任感的回归，是一种非常宝贵的社会公益资源。体育志愿者也因此成为老年人体育服务社会支持系统中非常重要的一种社会力量。我国的体育志愿者由社会体育指导员与自由体育志愿者两个群体构成。社会体育指导员培训制度本来是很好的志愿者培养体系，但这一制度目前存在一些问题。首先，体育主管部门只负责培训，培训拿证之后的后续志愿者从事志愿服务的具体实践行为的管理没有跟上。社会体育指导员上岗服务缺少政策的扶持，在岗率普遍偏低。其次，志愿服务流于形式，在实际的调查中各大高校体育学院经常组织学生志愿者团体进社区为老年人提供体育服务，如湖南师范大学、湖南工业大学、湖南科技大学等高校体育学院定期在社区为老年人举行科学健身方面知识讲座。但在长沙、株洲等城市进行实地调研过程中许多老年人都表示志愿者活动是走走形式，很少有深入和持续的活动内容。

5.1.1.4 市场主体参与度低

目前，在我国老年人体育社会支持体系运行过程中，社会企业的参与环节主要包括体育器材制造、物资捐赠、承接政府购买服务等。由于我国老年群体的消费特殊性以及养老保障体系不够健全，我国老年人更倾向于接受能够满足锻炼需要的实物型产品和适当的体育保健服务消费，很少消费身

〔1〕 工藤保子．体育志愿者[J]．体育科学(日本)，2000(3)：22－24.

心改善型或享受型的体育服务产品。这也直接导致了老年人体育消费市场弱小，老年人体育服务市场成长缓慢。这也是我国企业通过物资捐赠或体育赞助形式来支持老年人体育参与动力不足的主要原因。在 2014 年国务院 46 号文件出台之前，政府方面也缺乏具体的政策支持或者税收支持对社会企业进行引导与培育。没有政府相关优惠政策、财政补贴以及资金的支持，企业很难有动力参与市场弱小、无利可图的老年人体育服务。市场参与老年人体育服务多限于不具备公共物品属性的体育用品与装备市场。即便有企业参与老年人体育服务，也可能由于监管不力出现鱼龙混珠、投机取巧的问题。目前市场上的各种老年人保健类食品、保健器材问题屡见不鲜，由此引发的老年人服务质量问题又导致人们对老年人体育服务企业的信任危机，最终造成企业经营规模难以扩大，参与度难以提高[1]。

5.1.1.5　社区支持能力有待提高

1. 社区支持缺乏主动性

近年来，借鉴医疗领域的实践经验，我国开始重视社区在老年人体育社会支持体系中的作用。应该说，这是一个很好的尝试，但由于我国社区管理的体制问题导致社区在老年人体育服务社会方面未能发挥应有的支持作用。长期以来我国老年人体育服务支持模式都是政府亲力亲为、大包大揽。这使得社区这一支持主体只发挥了政府最基层行政管理单位的作用，并没有把社区自治功能发挥出来。政府体育服务的不足也直接带来了社区老年人体育服务的不足。其次，社区

---

〔1〕 韩松,王莉．我国体育产业与养老产业融合态势测度与评价[J]．体育科学,2017,37(11):3.

自身运营能力的缺乏直接导致了社区内服务设施利用率低，社区体育设施成了应付上级检查的形象工程，并没有物尽其用，这些都反映出社区自身缺乏组织引导能力。自我决定理论认为，人在本性上都具有强大的、来自内心的发展欲望，但是这一内在的欲望要转变成现实的行动，必须获得外部环境的支持，否则内部激励难以发生和起效[1]。随着人们生活水平的提高与健康意识的增强，老年人参加体育活动的意识与积极性会不断增强。但当前在其参与活动的外部环境——社区服务与组织管理还存在支持乏力的问题。在本次调查的20个社区当中，负责老年人体育活动的人员多是街道办事处或居委会兼职人员，他们中很少有人接受过社会体育指导员的专业培训，也没在工作中进行体育组织管理工作的专门培训。实际调研访谈中许多工作人员表示，自身没有精力也没有能力对老年人的日常体育锻炼活动提供指导和服务。专业指导与管理人员的缺乏是造成当前社区老年人体育服务缺位的主要原因[2]。

2. 社区服务功能不完善

社区服务功能与服务能力的发展受到经济资源与技术条件等多种因素的影响。社区老年人体育活动开展必须有一定的经费保障才能发挥其服务功能。长期以来，我国的社区服务基本上依靠地方政府行政拨款才能得以发展。自从1994年实行分税制以后，地方政府以47.4%的财力承担了86.1%的事权，两者的比例为1：1.8，这也导致地方政府无

〔1〕 Deci,E. L. ,& Ryan,R. M. The empirical exploration of intrinsic motivational processes [A]. In L. Berkowitz (ed.). Advances in Experimental Social Psychology [C]. New York：Academic Press,1980：39－80.

〔2〕 余智,唐炎,郭修金,等. 县域群众性体育组织成长路径探析——永新县老年体育组织发展个案考察[J]. 武汉体育学院学报,2014,48(12)：17－22.

法在社区发展上投入足够的经费。在当前城市社区老年人体育服务需求日趋强烈的背景下，政府能够提供给社区用于老年人体育服务发展的有限经费也因此成了杯水车薪，很难满足社区老年人体育服务发展的需要。多数社区的筹资渠道十分有限，自身缺乏造血能力导致经费问题成了制约当前社区支持老年人体育服务发展的最大的障碍。我国 2005 年出台的《城市社区体育设施建设用地指标》要求新建社区人均室外体育设施面积为 0.30~0.65m²，人均室内体育设施建筑面积为 0.10~0.26m²。从这一文件就可以看出我国对于社区体育设施的制定标准较低，与发达国家有一定差距。第三次全国群众体育现状调查结果显示，60~69 岁以上的老年群体在单位或住宅小区场地锻炼的人数比例仅为 19.0%，而 70 岁以上的老年人只有 16.3% 的人在社区锻炼，人数比例明显偏低。本次调查的结果也同样如此，只有 15.83% 的老年人在社区进行体育锻炼，而广场、公园才是老年人群体进行体育锻炼的首选场地，其中广场为 39.17%、公园为 35.8%。老年人宁愿舍近求远去公园、广场参与体育锻炼，固然有追求热闹等因素，但更多的是因为社区内体育场地设施不足以满足老年人的体育需求，人口的密集与体育设施的缺乏形成鲜明的对比[1]。

5.1.1.6 媒体营造体育健身文化氛围的功能尚未达成

大众媒体涵盖范围很广，既包括传统的电视、广播、报

---

[1] 胡科,虞重干.基层社区体育组织建设思考[J].体育文化导刊,2012(03):36-39.

纸等媒介，也包括现代社交网络媒体和数字媒体[1]。大众媒体作为体育信息的主要扩散渠道，具有传播速度快、覆盖范围广、影响力大等特点，对于老年人体育服务社会支持体系的构建起到重要作用。《柳叶刀》等权威杂志的研究显示，大众媒体在宣传、提醒、激励和支持老年人提高身体活动方面具有重要作用。日本的一项研究指出，大众媒体能够显著提高老年人进行中、高强度行走的比例[2]。在国家和各地的大力推动下，老年人体育健身文化的传播更加广泛，但仍存在发展不平衡、社会动员能量不够的问题，爱老助老的社会氛围尚未形成。具体表现在以下几个方面：一是信息数量较少，在我国各大电视台、报刊、新闻网中缺少对老年人体育健身的报道。二是负面报道偏多，如广场舞这一中老年活动参与人群最多的项目近年来负面新闻较多。许多媒体在报道时忽视老年人体育锻炼场地的不足才是引起矛盾的根源，不但不为老年人这一弱势群体发声转而对老年人进行污名化报道，恶意引导舆论，导致在网络上出现了"不是老年人变坏了而是坏人变老了"的言论。三是在报道介质的选择上，网络媒体较多，电视媒体偏少。对于出生于二十世纪四五十年代的老年人而言，目前主要是通过电视媒体来接收体育信息，接触网络媒体的时间并不是很多，因此网络报道介质对于老年人的宣传效果并不理想。四是内容浅层化，传统电视媒体在推广全民健身文化的过程中常常会出现浅层化的内容

[1] Pratt M, Sarmiento O L, Montes F, et al. The implications of megatrends in information and communication technology and transportation for changes in global physical activity [J]. Lancet, 2012, 380(9838): 282 - 293.

[2] ABIOYE A I. Do mass media campaigns improve physical activity? A systematic review and meta-analysis [J]. Archiv Public Heal, 2013, 71 (1): 20.

呈现[1]，一晃而过的新闻报道对于老年人的宣传效果很微弱。五是由于缺乏监管，经常发布不实的体育健身知识，引导老年人形成错误的健身观念。如浙江出现老年人"暴走团"，快步疾走长达数十千米，导致老年人出现大规模的运动损伤。

5.1.2　非正式支持主体未能提供足够的情感支持

Antonucciet 研究发现，来自包括家庭和朋友在内的社交网络的支持，会提升人们对休闲参与的满意度和有助于老年人养成长期锻炼的习惯。社会认知理论也认为如果家庭成员、朋友和熟人等为老年人身体活动提供支持，既可以强化老年人体育参与行为，又可以加深相互之间的情感，形成互惠关系。

5.1.2.1　家庭结构变化导致家庭支持的不足

改革开放以来，随着社会结构的变迁，我国传统家庭结构也发生了很大变化。首先，家庭规模由多代同堂的传统家庭模式向仅有父母及其未婚子女两代人组成的核心家庭的转变。其次，仅由老年人组成的"纯老家庭"也开始不断增多。全国第六次人口普查的资料显示，2010 年我国纯老家庭户（65 岁以上）近 3000 万户，约占家庭户总数的 8.1％，占全部有老人家庭户总数的三成。家庭结构的变迁，不仅使得老年人失去了部分来自原来传统家庭的经济与物质的直接支持，也失去了来自传统家庭几代成员亲密关系上的情感支持。随着老年人体育服务需求的不断提升，尤其是在体育活

---

〔1〕　杨剑锋.媒介、大妈与被审判的广场舞[J].体育文化导刊,2016(03)：29－32,84.

动的指导和陪伴等方面，家庭成员由于地域上的远离对老年人的支持显得越来越"有心无力"。家庭结构的变化同时带来了老年人口的流动性不断提高的问题。《中国流动人口发展报告 2016》显示，在全国 2.47 亿流动人口中，流动老人有将近 1800 万，其中专程为照顾晚辈而流动的老人比例高达 43%[1]，在城市中爷爷奶奶带孙子现象十分普遍，这就导致老年人没有足够的时间进行体育锻炼。在目前中国的特殊环境下家庭对老年人体育服务的支持还远远不够，甚至在某种层面上还会阻碍老年人参与体育锻炼。在本研究的个案访谈中，很多随迁老人就表示自从开始带孙子了，体育锻炼的时间就少了。

5.1.2.2 邻里关系的淡薄导致邻居好友支持作用不明显

社会质量理论认为个体的社会关系程度直接影响个人的社会参与程度与个人的发展层次。城市化的进程与商业化的居住模式使得城市居民传统意义上的邻里关系发生了很大改变，现代邻里关系表现为同一社区或住宅小区甚至是同一楼层内住户之间的关系。邻里关系相较于传统邻里关系具有很大的异质性，邻里之间在血缘、职业、受教育程度、思想意识等方面都有明显差异。这种人群异质性使得邻里之间的互动大大减少，这也使得邻里之间的生活与情感交往越来越淡化。中国青年报社会调查中心通过民意中国网和搜狐新闻中心一项调查显示，40.6% 的人不熟悉自己的邻居，其中12.7% 的人"根本不认识"自己的邻居，80.9% 的人感觉邻里关系越来越冷漠。本文在长沙、株洲、永州、怀化等地的

---

〔1〕 国家卫生和计划生育委员会流动人口司. 中国流动人口发展报告 2016[M]. 北京:中国人口出版社,2016:114-118.

实地调研与个案访谈中也发现家人以外的邻居好友在老年人的体育服务方面的支持作用不太明显。

5.2　支持内容层面

5.2.1　体育设施供给不足，资源配置效率不高

近年来，"全民健身工程""农村小康体育工程""一县一品""江、湖、山"等全民健身主题特色活动，极大地促进了我国体育场地设施的发展。截至 2017 年底，我国体育场地已超过 195.7 万个，人均体育场地面积达到 1.66m²，与 2013 年第六次全国体育场地普查数据的人均体育场地面积 1.46m² 相比有了长足的发展[1]。但场地设施仍然不能满足老年群体的需求。主要原因在于：一是已建体育场地设施中适合老年人的场地设施类型不足。从全国来看场地面积排名靠前的体育场地分别是小运动场、篮球场、田径场、体育场和城市健身步道，共计 11.33 亿 m²，占 58.14%。其中教育系统管理的体育场地 66.05 万个，占 38.98%；场地面积 10.56 亿 m²，占 53.01%。在老年人经常使用的体育场地类型当中城市健身步道 12299 个，总面积不足 346 万 m²，全民健身路径 368093 个，用地面积约 454.46 万 m²，地掷球场 1425 个、门球场 14367 个，棋牌室 26422 个。在整体的场地面积排名中老年人常用的城市健身步道仅占总面积的 3.05%，而篮球场、乒乓球场数量占比超过 48%。各地频发的广场舞"占地"事件，其本质就是在公共体育场地设施严

---

[1]　国家体育总局群体司．中国群众体育发展报告（2018）[M]．北京：社会科学文献出版社，2018：66 – 67．

重不足的情况下，老年群体不得不占用其他人群的锻炼场所（表5-2-1）。二是已建场地设施质量不能满足老年人的体育锻炼需求。在实际调查中发现，老年人使用频率较高的公园、广场、全民健身路径等的场地设施维护情况堪忧。公园空地、社区广场的地面破损且无人定期修复，公园、广场空地灯光不亮、全民健身器材破损、断裂等现象经常发生。三是居住室外环境设计尚未适应老龄化社会的需要。许多住宅小区整体的无障碍设施不健全，许多小区仍是楼梯房，缺乏必要的安全辅助设施，导致高龄老人无法走出家门参与力所能及的体育活动。

表5-2-1　　　　我国老年人体育场地设施情况一览表

城市健身步道		全民健身路径		门球场		地掷球场	棋牌室
场地数量/个	用地面积/m²	场地数量/个	用地面积/m²	室内	室外	场地个数	场地个数
12299	3459760	368093	4544653	307	14060	1425	26422

数据来源：根据《全国2014年第六次体育场地普查公报》整理而得。

5.2.2　信息资源服务匮乏，宣传推广方法不多

体育信息服务主要是指通过电视媒体、网络媒体、报纸杂志、社区宣传栏、体育组织等多种渠道传播体育信息，为老年人提供体育健身知识、体育活动等相关信息，方便老年人体育参与的体育公共服务[1]。美国早在2001年就建立了全国信息中心，用于有效传递老龄化与体育活动的公共政策、宣传资料和公众教育信息，全国信息中心会根据不同年

---

〔1〕 王占坤.老龄化背景下浙江老年人体育公共服务需求与供给的实证研究[J].中国体育科技,2013,49(06):70-80.

龄人群的特点进行有针对性的体育活动与健身知识普及，也要让更多的健全人和社会各类组织了解老年人体育，关心、支持老年人体育的发展，充分发挥体育在积极应对人口老龄化方面的积极作用。近年来全国各地老年人体育协会积极开展老年人体育信息服务的推广，积极推出了相关报刊、书籍，如《天府老年体育》《东方体育日报》、《老年人》、《快乐老人报》等50余家报刊（表5-2-2）。但现实情况是，这些官方举办的报刊订阅量非常之少，在对湖南省委老干局的采访过程中发现，他们所创办的《老年人》杂志每年的发行量不足5万份，其中大部分是省委各部门统一订阅，真正在老年人群体中的发行量很少。造成这一现状的原因主要在于老年人体育宣传工作的不力。目前主要宣传方式是通过街道、社区联络员对老年人进行通知、宣传册的发放。宣传手段偏旧，深度和广度挖掘不够。这种宣传方式在推广老年人体育健身知识、健身方法方面效果很差。在本书第4部分所进行的实际调查过程中也发现仍有36.2%的老年人不了解科学健身的相关知识，以至于经常出现运动损伤。同时有85.9%的老年人希望能够接受科学健身知识的培训或讲座，老年人体育信息服务需求很大，但支持程度仍不容乐观。另一方面，我国人口老龄化发展形势的宣传不足，导致全社会没有形成关爱老年人身心健康、支持老年人体育、积极参与老年人体育服务的社会氛围。宣传的不足也导致老年人体育活动影响力不大、企业与个人老年人体育社会捐赠意识不强以及老年人体育志愿者的服务比较匮乏等问题。

表 5 - 2 - 2 　　　　各地老年体育协会创办刊物一览表

序号	刊物名称	主办单位	发表周期	序号	刊物名称	主办单位	发表周期
1	天府老年体育	四川省老体协	月刊	26	烟台老年体育	山东省老体协	月刊
2	东方体育日报	上海市老体协	月刊	27	河南老年体育	河南省老体协	月刊
3	福建老年体育	福建省老体协	月刊	28	安阳老年体育信息	河南省老体协	月刊
4	开心康乐寿	江西省老体协	月刊	29	江汉区老年体协简报	湖北省老体协	月刊
5	云南省老体协简报	云南省老体协	月刊	30	黄石老年体育	湖北省老体协	月刊
6	天津骑游	天津市老体协	月刊	31	湖南省老年人体育协会简报	湖南省老体协	月刊
7	河北老年体育动态	河北省老体协	月刊	32	长沙市老年人体育简报	湖南省老体协	月刊
8	廊坊老年体育	河北省老体协	月刊	33	广东省老年人体育协会简报	广东省老体协	月刊
9	山西省老年人体育协会网站	山西省老体协	月刊	34	中老年人保健	广东省老体协	月刊
10	内蒙古老年人体育	内蒙古老体协	月刊	35	合浦县老年体育简报	广西省老体协	月刊
11	赤峰老年体育	内蒙古老体协	月刊	36	海南老年	海南省老体协	月刊
12	吉林老年体育	吉林省老体协	月刊	37	同安老年体育简报	厦门市老体协	月刊
13	延边老年体育	吉林省老体协	月刊	38	重庆市老年人体育协会简报	重庆市老体协	月刊
14	上海老年体育	上海市老体协	月刊	39	永川老年体育工作简报	重庆市老体协	月刊
15	老年体育	上海市老体协	月刊	40	成都老年体育	四川省老体协	月刊
16	乐天	江苏省老体协	月刊	41	贵州老年体育	贵州省老体协	月刊
17	苏州老年体育	江苏省老体协	月刊	42	老年工作简报	贵州省老体协	月刊
18	浙江老年体育	浙江省老体协	月刊	43	陕西老年体育	陕西省老体协	月刊
19	莲都老年体育	浙江省老体协	月刊	44	宁夏老年体育	宁夏自治区老体协	月刊
20	康寿	安徽省老体协	月刊	45	大连老年体育	大连市老体协	月刊
21	阜阳市老年体讯	安徽省老体协	月刊	46	老年体育	大连市老体协	月刊
22	福建老年体育	福建省老体协	月刊	47	健康之路	青岛市老体协	月刊
23	福州老年体育	福建省老体协	月刊	48	青岛老年体育报	青岛市老体协	月刊
24	康乐寿	江西省老体协	月刊	49	宁波老年体育	宁波市老体协	月刊
25	康乐老年	山东省老体协	周刊	50	余姚老年体育	宁波市老体协	月刊

5.2.3　体质监测推广力度不够，面向老年人普及程度偏低

国民体质监测是通过建立体质监测服务系统，采用科学的方法对受试者身体形态、身体功能和体能等指标进行综合评价，然后对不同人群实施体质监控和追踪研究，形成体质

监测的预警机制，定期公布体质监测结果，引导公民关注体质和健身的一套系统。体质监测有别于医院的体检，属于主动预防行为，根据"运动处方"进行有针对性的锻炼和饮食改善，从而提高身体素质，防患于未然。体质监测中心充当着医院"守门员"的角色。体质监测服务本应该是城市老年人最为满意的服务内容，因为全国范围内的国民体质监测中心早已覆盖到县、区一级。但此次对于湖南省的调查结果显示，74.64%的老年人表示没有参加过体质测试，其中33.21%的老年人表示没有听说过该服务。《中国公共体育服务发展报告》显示，60~69岁的老年人对国民检测体质的服务满意度最低，比例达到了42.4%[1]。这些数据都反映出目前国民体质监测系统尚未发挥其在老年人体育服务中的作用，未能成为引导老年人监测体质状况并引导其科学健身的系统。

5.2.4 体育人才培养逐步规范，宏观设计与后续管理缺乏

体育指导服务是老年体育参与的过程中，向老年人提供的技能传授、锻炼指导等服务。体育指导服务也是彰显老年人体育服务社会支持水平的重要要素之一。近年来随着国家加大对社会体育指导员的培训力度，使得国家级和一级社会体育指导员人数迅速增加。据统计近3年全国老年人体育协会和各省级老年人体育协会举办的老年人运动项目教练员、裁判员、社会体育指导员培训班总场次超过100次，累计培训老年人体育指导员人数超过3万人。但是就目前老龄化形势而言，老年人健身指导服务仍存在很多问题。首先，老年

---

〔1〕 戴健. 中国公共体育服务发展报告(2013)[M]. 北京:社会科学文献出版社,2013.

人社会体育指导员总量不足。虽然近年来各地体育局大力加强了社会指导员的培训,老年人社会体育指导员数量增长较快,但与我国庞大的老年人口相比,社会体育指导员总量仍旧偏少,无法满足老年人在健身指导方面的需求。其次,老年人社会体育指导员人员结构失调。本研究对部分老年人体育协会所举办的培训班的调查发现,培训内容多集中在老年人体育项目的技术和规则讲解,缺少老年人日常体育锻炼所需的科学健身知识普及、健身器材的正确使用等内容的培训。再次,全国大多数省份的培训班都是以国家级培训班的模式为参考,按进度完成中国老年人体育协会规定给各省的任务。缺乏根据本地老年人体育参与实际情况而设计的特色课程,缺乏志愿者招募与培训、志愿者今后工作的开展指导等的制度设计与整体发展考虑。最后,老年人社会体育指导员管理与实际服务不足。本研究在老年人体育活动较多的公园、广场等实地考察的结果也显示,体育社团与高校中已经持有社会体育指导员证件的专业人士在老年人体育锻炼中并没有发挥应有的指导作用,真正起到指导作用的人员大多是没有证件的一些体育项目如广场舞、太极拳等的爱好者。调研结果充分显示了目前我国对于已经持证的社会体育指导员管理的不足。

5.2.5 体育活动偏重赛事,趣味性体育活动不多

《全民健身计划(2016—2020)》提出,要为老年人提供丰富多彩的健身活动,倡导开发广场舞、健身马拉松跑和登山等受欢迎程度高的体育活动。从宏观层面来看,我国举办的大型老年人体育赛事不断增多,各级别的老年人运动会开展得如火如荼,仅全国老年人体育协会近 3 年举办的赛事

（活动）就超过了 300 场，参与人数超过 100 万。但老年人体育活动的开展还存在矛盾。第一，体育项目服务供需不一致，当前老年人体育活动服务主要以老年人体育协会为主，各事业单位离退休处为辅。老年人体育协会组织的老年人运动会主要有门球、乒乓球、网球、健身球操、气排球、台球、健身腰鼓、羽毛球、健步操和排舞等项目，这类项目中如网球、门球、排舞、健步操等在基层社区的普及程度并不是很高，且竞技性强，趣味性不足，只适合小众的掌握这类项目技术的老年人参加。在实际调查过程中发现 85.51% 的老人表示希望多举办趣味性体育活动，仅有 14.49% 的老人希望举办竞技性体育活动。老年人对体育活动的开展满意度不高，他们更希望参加娱乐性高、以家庭为单位的体育活动[1]。第二，老年人体育活动服务注重"形式"而不顾"实效"，在公共部门举办的老年人体育活动中，惯例是一条横幅加主席台，领导讲话，一番热闹仪式、表演等类活动，都是专业性演出，很少有老年人身影，老年人仅仅是看客或过客而已。如河南省老年人文体健身游戏节目大赛中共列有舞蹈、健身秧歌、健身球操、广场舞、抖空竹、武术、柔力球、模特走秀等项目，大多数节目都是专业演员参与其中，真正的地方老年人参与非常之少。

5.2.6 社会体育组织力量薄弱，社区管理人员专业性不强

老年人体育组织是老年人参与体育锻炼的重要组织形式，是满足老年人体育锻炼需求的重要手段，加大体育组织的建设，就是为老年人体育锻炼提供了更多的锻炼渠道。加

---

〔1〕 本书编委会．中国老年人健康指南读本[M]．北京:华龄出版社,2014.

入老年人体育社团能帮助老年人科学锻炼、合理健身，还能有效地引导和管理老年人体育活动的实施。然而，我国体育社会社团普遍存在官民二重属性、管理欠规范等问题，政府对体育组织的登记、建立有明显限制，使其缺少竞争机制；大部分老年人体育协会通过获取自上而下的资源得以发展，它们或由各级体育行政机构直接创办，或本身就从其中转变而来，又或是原体育行政官员及相关知名人士所支持，使其对政府产生强依赖性，形成难以割舍的裙带和依存关系，在当下协会实体化的大趋势下，缺乏造血能力的各级老年人体育协会自身发展将难以为继。同时社区工作人员多数都身兼多项工作，精力不够，且工作人员多数非体育专业出身，专业理论知识薄弱。

5.3 支持形式

5.3.1 支持形式单一

老年人体育服务社会支持形式包括政府直接支持、政府购买、资助捐赠、合资参股型、自建自享型等。综合目前我国老年人体育服务社会支持形式的实践来看，社会支持形式较为单一，仍是以政府直接支持为主。当前老年人体育服务支持实践中还算较多的支持形式主要有社会捐赠式参与和志愿服务参与。资助捐赠型参与是指社会组织或公民个人基于自身意愿以出资捐赠的形式支持老年人体育服务。随着我国经济的高速发展，社会力量以捐赠的形式支持老年人公共体育服务的案例也逐渐增多。但其支持的主体主要为企业家、社会经济政治精英等个人，我国目前尚未达到美国等西方国家中产阶级普遍参与捐赠的程度。因此，资助捐赠型参与并不普遍且数额不大。资助捐赠型参与及志愿服务均属于浅表性的服务参与模式，因为这些支持行为均来自外部且具有服务行为不确定的特点。老年人体育服务中更为深入性的支持形式是自建共享型，这一类型的社会支持是指老年人体育社会组织或个人自筹资金参与老年人体育服务社会支持体系建设的模式[1]，实践案例尚少，未形成常态。但这一类型的支持因为来自组织自身的成长与发展，属于内生型支持，对于老年人体育服务来说更具有稳定性和成长空间。目前最为普遍的政府购买式支持，在购买对象范围上大多数是直接定向委托学校和体育局主管的体育协会或社团，购买内容也基本局限于体育设施服务领域，购买范围边界的延展难以突破[2]。

5.3.2　社会支持主体间协同不够

协同治理理论认为通过资源和要素在主体间的良好匹配，促使政治国家与公民、社会的合作关系达成最佳状态，是实现从治理到善治的有效途径[3]。虽然近年来协同治理理念已逐渐进入政府与社会管理领域，但在实际操作中实质上的协同治理还存在很多障碍。一是政府各部门之间的协同不够。首先表现在各部门政策在具体实施措施上的协同不足，许多政策中虽然强调各种社会组织的协作，强调借助各部门优势资源推动健康服务等策略，但在具体实施措施上并没有

〔1〕 姜向群．老年社会保障制度——历史与变革[M]．北京:中国人民大学出版社,2005.

〔2〕 王莉丽．老龄化背景下我国城市公共体育服务供给的反思与优化[D]．武汉:武汉体育学院,2015.

〔3〕 陈振明．公共服务导论[M]．北京:北京大学出版社,2011.

出台对应不同部门的实施计划，也没有专门负责各项计划落实的协调机构。如《健康中国 2030 规划》强调"体医结合"，提倡采用非医疗手段干预慢性病问题，但我国的健康工作主要由卫生部门来主管，卫生部门与体育部门协同改善慢性病的"体医结合"政策机制尚未建立。其次，跨部门、多领域联合制定的政策中即使规定了各部门的职责，也建立起具体的各部门协同行动机制，但各部门在实施政策时仍未能形成实质性的部门联动，难以形成合力[1]。二是正式支持主体与非正式支持主体之间协同不足，目前在老年人体育服务社会支持体系中非政府组织与政府组织间还没有搭建起直接的、平等互信的合作平台。实践中，大量老年人非政府组织拥有广泛社会资源，但投靠无门。一方面，在施助工作开展过程中，非政府组织要顺利开展活动须依托老年人体育协会、民政部、老龄委等政府组织的协调与配合。而在具体的协作中，非政府组织的独立地位经常难以得到实质性的尊重，其合作共赢的参与目的经常被正式组织边缘化，使其逐渐丧失与正式组织合作的意愿。另一方面，非政府组织与政府组织在老年人体育社会支持工作的理念与支持方式上均存在一定差异，政府组织强调有序、正式的社会支持方式，而非政府组织的支持形式则更加随意和无序[2]。现实中协同不力的主要原因在于：在顶层架构上缺乏一个整体的老年人体育社会服务支持系统，缺乏建立在整体系统基础之上的多元主体协同运行机制。

〔1〕 郁建兴. 政治学导论[M]. 杭州:浙江大学出版社,2003.

〔2〕 郑晓燕. 中国公共服务供给主体多元发展研究[M]. 上海:上海人民出版社,2012.

5.3.3 重单向指导，轻双向互动

目前，在我国老年人体育社会支持体系中，老年人作为社会支持的客体总是被组织的对象，而不是平等的活动伙伴。各主体对老年人体育服务的支持往往停留在传统的单向支持层面，老年人更多的是被动接受各主体提供的社会支持，很少主动参与。2010 年第六次人口普查数据显示，中国老年人口的受教育程度以小学的比例最高，达到了 49.7%，其次未上过学的老年人占 22.5%，只有 27.8% 的老年人受教育程度达到初中及以上，老年人口整体受教育水平依然偏低[1]。老年群体受限于知识水平，法律知识严重匮乏，体育权利意识淡薄，缺乏表达自我需求的意识和能力，使得老年人正当的体育服务需求没有得到有效表达。利益相关者理论认为伴随着经济发展和社会结构变革，老年人群体的社会利益结构也越来越复杂，这将不可避免地导致在制定老年人体育服务政策的过程中出现越来越多的变量，这也客观上要求各级政府考虑在制定相关政策的过程中让不同的利益相关者参与决策过程[2]。老年人体育服务社会支持体系的发展不仅是政府与老年人体育服务需求之间的单一互动关系，还应该将各种社会力量纳入决策机制。这不但可以增强老年人体育服务社会支持政策的合法性和可操作性，而且可以让多元参与主体以利益协调为纽带不断强化价值互信。在当前的压力型行政体制下，地方政府官员只对上级政府负责，为了争取上级政府的好评，往往不以实际需求主体

---

[1] 国务院人口普查办公室,国家统计局人口和就业统计司. 中国 2010 年人口普查资料[M]. 北京:中国统计出版社,2012.
[2] 聂静虹. 公共政策制定中的大众媒体功效研究[D]. 武汉:武汉大学,2009.

的需求偏好为动力，而更多的是根据上级政府制定的"考核指标"和所谓的"政绩"等因素来进行老年人体育服务决策，直接将老年人和老年人社会体育组织等利益相关主体排除在决策过程之外，导致老年人和老年人社会体育组织在决策中丧失话语权。同时握有老年人体育服务决策主导权的体育、教育、民政等部门之间存在一定程度的壁垒，并没有形成相互合作的机制与平台，共商制度化还未形成，难以形成持续性的共同协商局面[1]。

5.4　本章小结

本章从支持主体、支持内容和支持形式 3 个方面对我国老年人体育服务的社会支持进行了分析。在支持主体上，存在的主要问题是正式社会支持主体未能发挥应有的支持作用，非正式社会支持主体未能提供足够的情感支持。正式社会支持主体未能发挥应有的支持作用表现在：政策内容缺乏衔接性、政策内容可操作性不强、政策尚难调动各社会支持主体的积极性、市场参与度低、体育社团支持功能有限、志愿组织流于形式、媒体营造健身氛围不够。非正式社会支持主体未能提供足够的情感支持表现在：家庭支持不够、邻居好友支持作用不明显。在支持内容上，存在的问题主要有：体育设施不足，资源配置效率低下；信息资源缺位，宣传服务意识淡薄；体质监测推广力度不够，普及程度略低；体育人才培养逐步规范，但缺乏宏观设计与管理；体育活动偏重赛事，活动类型单一；社会体育组织力量薄弱，社区管理人

---

〔1〕　敬又嘉．合作治理再造公共服务的逻辑[M]．天津：天津人民出版社，2009．

员专业性不强。在支持形式上，还存在支持形式单一、社会支持主体间协同不够、重单向指导，轻双向互动的问题。

综合以上分析来看，无论是从支持主体还是支持内容与形式上来看，目前制约我国的老年人体育服务社会支持的关键问题在于：政府承担老年人体育服务的职能必然将部分交由社会来进行管理，然而目前社会力量薄弱且分散，尚未建立起一个有机的支持系统。因此，为了改变当前老年人体育服务社会支持力量势单力薄且各自为政的局面，更好地为老年人的社会支持服务，有必要构建一个老年人体育服务的社会支持系统，确定参与协同的各方主体，界定参与主体在系统中的地位与责任，设计多元主体协同的有效运行机制，并提出系统运行的具体实现路径。

6 发达国家老年人体育服务社会支持及对我国的启示

虽然我国与发达国家在政治制度、经济发展水平、文化传统和民族风俗等方面都存在一定的差异，但是老龄化首先在发达国家出现和深化，如何破解老龄化这一重大而复杂的社会难题，如何适应老年人的身心需求来提供服务，中国还需要借鉴发达国家的成功经验，汲取他们的失败教训，少走弯路，后来者居上，做到"他山之石，可以攻玉"。本章系统阐释了美国、德国、澳大利亚和日本等发达国家老年人体育服务社会支持系统建设的成功经验，旨在构建中国特色的老年人体育服务社会支持系统。

6.1 发达国家老年人体育服务社会支持系统

6.1.1 美国老年人体育服务社会支持体系

美国自 20 世纪 40 年代步入人口老龄化社会，至今已持续了 70 多年。截至 2015 年，美国 65 岁以上（包括 65 岁）老年人占全国人口总量的 12.5% 左右，预计到 2050 年，这一比例将达到 20.7% 左右，其中，85 岁以上（包括 85 岁）的高龄老人数量将大幅增长，达到 1800 多万，将近 1995 年的 6 倍。另据 2018 年美国人口普查局报告显示，到 2035 年，美国 65 岁以上人口将达到 7800 万，18 岁以下人口仅为 7640

万。老年人口将首次超过儿童人口，这一结构性变化将给美国带来严峻挑战[1]。

6.1.1.1 多元协同的体育管理体制

美国的社会制度决定了美国老年体育管理体制的社会化与多元化，形成了以分权管理及社会主导为特征的体育管理体制。管理主体以各级各类协会、社会组织、社团及公共体育组织为主，政府部门主要的工作是指导和协调。由于没有专门的体育政策制定部门，美国体育政策的制定分散在以下政府部门：体育健身与运动总统委员会、国家公园管理局、卫生与人类服务部、房屋和城市发展部、环保署和美国消费品安全协会等[2]。体育健身与运动总统委员会主要负责推动老年体育活动政策的制定，指导全国老年体育活动的开展；房屋和城市发展部负责开展有益于老年社区再建和修复以及老年人口住房选择的项目与活动；环保署负责改善社区健身环境以及社区老年活动项目的建设；美国疾病控制预防局（CDCP）主要负责出台推动全美老年体育活动的计划，还负责监测与研究老年问题的任务。美国社区生活局（ACL）、CDCP 和美国国立卫生研究院衰老研究所（NIA）成为联邦政府推动老年体育政策的主要行政机构。同时，美国多元管理主体注重部门协同管理。以《美国老年人体育活动项目参考指南》这一文件的出台为例，2001 年，美国卫生部下属的疾病防治中心（CDC）成立了老年人糖尿病工作组（DAWG）。2007 年，DAWG 与 CDC 及其下属的 38 个组织

---

〔1〕 美国人口普查报告：2035 年美国老年人口将首次超过儿童人口［EB/OL］.中国社会科学网，2018－06－29.

〔2〕 湛冰.从《白宫老龄会议报告》管窥美国老年体育政策的演进特点[J].体育与科学，2017,38(3):38－44.

共同推出这一老年体育政策。美国从 1965 年开始逐步形成了"联邦老龄署—州老龄署—县老龄署"的老年工作行政网络体系，各级老龄署成为推进全美老年体育发展的重要政府机构。美国多主体的协同管理体制还体现在政府机构、社会组织、工作单位、家庭和社区这些部门都在老年人体育中发挥了作用。社区与家庭是发展老年体育的主要负责部门，政府、社会组织和个人发挥协助与支持作用[1]。此外，跨领域、跨部门多主体协同制定政策成为美国老年体育政策的一大特征。以《国家计划：促进 50 岁以上成年人身体活动》为例，这一政策的制定主体既包括政府组织又包括非政府组织，主要由美国疾病预防控制中心、国家老龄研究所等 6 个组织来协同制定[2]。这一政策的推进则涉及更多的部门，公共政策、健康、医疗卫生、社区组织、市场营销等与之相关的 46 部门协同进行[3]。政策的具体实施则分散在协会、社会组织、公立大学和基层社区等多元主体。最后，总统健康与体育委员会、国家疾病防控中心、美国运动医学学会、美国退休人员协会及全国老龄委员会 5 部门协同负责政策实施情况的监督工作。

6.1.1.2　健全完善的老年体育政策体系

虽然第二次世界大战后美国社会的主要矛盾是失业问题

---

〔1〕　湛冰,王凯珍.政策工具视角下美国老年体育政策文本特征分析[J].体育科学,2017,37(2):28-36.

〔2〕　National Blueprint Office. Strategic priorities for increasing physical activity among adults age 50 and older[M]. Illinois:Human Kinetics,Inc,2002:5-13.

〔3〕　Strategic priorities for increasing physical activity among adults age 50 and older:the national blueprint consensus conference summary report [EB/OL]. http://jssm. org/casejssm-02-169. xml. 2016-05-18.

以及经济发展问题，但是政府非常重视通过社会保障政策来保护社会弱势群体的利益。1950 年第一次白宫老龄会议召开，1961 年、1971 年、1981 年、1995 年、2005 年和 2015 年又分别召开了 6 次白宫老龄会议。从 1961 年白宫老龄会议中对老年体育的陈述仅凭兴趣到 2005 年白宫老龄会议 6 次谈到老年体育问题，再到 2015 年白宫老龄会议报告明确指出体育活动是健康老龄化最有效的措施之一，白宫老龄会议关注体育活动对于促进老年健康的作用可见一斑。同时，《美国老年人法案》《医疗保险法案》和《医疗救助法案》是美国保障老年人权益的 3 部重要法案。1965 年的《美国老年人法案》中提出"为老年人提供相关服务，使其通过有规律的身体活动和锻炼保持身心健康"，这一法案对"60 岁以上人群保持活力"项目的诞生起到了推波助澜的作用。1977 年修订的《美国老年人法案》又提出"为老年人提供公共服务，促使老年人参加日常活动和体育锻炼，保持身心健康"[1]。1987 年版的《美国老年法》中"加强体育活动参与，促进老年身心健康"等条款得到进一步强化。之后，美国老年体育活动受到社会各界的广泛关注，各州先后推出许多老年人体育活动，老年体育活动参与率迅速提高[2]。20 世纪 70 年代以来，美国"健康公民计划"也促进了老年人体育的发展。1979 年《健康美国人——卫生署长报告》中指出："老年人需要加强锻炼和健身，以有效地锻炼改善老年人智力和身体能力、提高老年自理能力。"1980 年，美国健

---

〔1〕 US Dept of Health and Human Services. Healthy People 2010：Conference edition〔R〕. Washington：U. S. Dept of Health and Human Services. 2000：11.

〔2〕 湛冰. 从《白宫老龄会议报告》管窥美国老年体育政策的演进特点〔J〕. 体育与科学，2017，38(3)：38－44.

康与公共服务部（HHS）颁布并实施了《健康公民1990》，这标志着美国正式启动了健康公民计划（Healthy People）国家战略。1981年，美国HHS通过反复的临床实验提出"身体锻炼是控制医疗费用的有效手段之一"并确定了老年人参与体育锻炼的具体目标，即到1990年，美国65岁以上的老年人50％能够积极参加适合年龄特征和身体状况的身体活动。从《健康公民1990》到《健康公民2020》，美国政府及相关部门颁布的4部"健康公民计划"中，体育活动均被置于重要地位，被当成防治疾病、促进健康的重要方式和手段之一[1]。21世纪以来，美国又出台了《国家计划：促进50岁以上成年人身体活动》《美国人体育运动指南》《健康公民2020》和《国家体育活动计划》4个具有较大影响力的老年体育相关政策、规划。这些政策之间互相关联，体现了政策的完整性与配套特征。至此，美国老年人体育服务政策形成了"白宫老龄会议""老年人法案""健康公民政策"以及配套政策为主的健全完善的政策体系。

6.1.1.3 分工明确的社区体育管理体系

在美国，发展社区体育成为促进老年人参与体育、促进健康的重要手段[2]。2012年，由老龄署、残疾人办公室和发展残疾人管理局3个部门合并而成的美国社区生活管理局（ACL）开始运行。ACL主要通过社区支持服务来满足社区老年人的物质文化需求，并通过相关医疗补助或联邦政策完

---

〔1〕 徐士韦,肖焕禹,谭小勇.体力活动:美国国家健康政策之要素——基于美国健康公民战略的考察[J].上海体育学院学报,2014,38(1):25-30.

〔2〕 Kahn EB,Ramsey LT,Brownson RC,et al. The effectiveness of interventions to increase physical activity, Asystematic review[J]. Am J PrevMed, 2002(4):73-107.

善社区设施。美国老年健康促进活动主要在社区政策的支持下开展。《社区发展体育活动策略指南》（2011）、《社区与老年人疾病防治融合发展框架报告》（2012）、《ACL 行动计划 2013—2018》《健康老龄化，生活更美好——医保受益者社区预防和健康项目的评价》（2014）等 10 多个社区老年体育政策文本的出台都体现了老年体育活动集中在社区发展的特征。同时，美国政府重视社区公共体育设施的建设，政府所提供的老年人体育锻炼设施主要集中在社区体育中心和社区公园。美国的绝大部分社区都建有社区体育中心，中心室内和室外配套体育设施齐全。政府负责规定社区体育中心各类设施的建设标准，并出台政策要求各州具体执行。社区体育中心为老年人体育活动的开展提供了得天独厚的条件。此外，美国《健康公民 2000 年》把增加社区体育中心的数量作为一个重要的考核指标。除社区体育中心外，社区公园是美国老年人进行体育活动的另一重要场所。在美国，社区公园数量多，面积大，平均每 1000 位美国公民就拥有 4000～8000 平方米的社区公园。美国的大多数社区公园各种设施齐全，几乎每个社区公园都配备了各种适合不同年龄层次和身心状况的体育设施，可以同时满足大量社区居民的各种体育需求[1]。

6.1.1.4 科学合理的体育志愿服务体系

美国将体育志愿服务纳入社会服务体系，并通过完善的组织机构和制度来保障志愿者活动的顺利开展。体育志愿者在与老年人相关的公共体育服务中扮演着重要的角色。从 20

---

〔1〕 龚正伟，肖焕禹，盖洋．美国体育政策的演进[J]．上海体育学院学报，2014,38(1):18-24.

世纪 70 年代开始，美国就从法律层面对志愿者服务进行了保障。美国在 1973 年就出台了《志愿者服务法案》，这一法案中明确规定了志愿者的招募、培训、监督与管理等具体事宜。1999 年又进一步修正了法案的内容。之后，一系列与志愿服务相关的法律相继出台。此外，美国还建立了志愿服务激励机制，通过"志愿者总统奖"、税收减免、体育志愿服务组织网站等方式来激励国民参加老年人体育志愿服务[1]。同时，美国的社会体育指导协会种类比较多，划分也比较细，并且参与人群广泛。承担美国社会体育指导员培养工作的机构主要是美国运动医学学会和美国国家体能训练师协会。美国运动医学学会除了研究社会体育指导员发展，还在运动急救、运动员健康管理、运动健康咨询等方面对社会体育指导员进行培训[2]。美国国家体能训练师协会的主要功能是体育教育培训和训练师资格认证，其培训的社会体育指导员主要从事专业的体育技能指导与运动医疗保健服务[3]。此外，体育志愿者已经成为推动美国老年人公共体育服务的重要力量。根据"美国志愿者"官方网站的统计，2014 年，在美国从事志愿者服务工作的人数高到 6260 万，志愿服务时间全年累计近 80 亿小时[4]。在美国从事社区志愿服务大部分属于无偿服务，每年有多达 3800 万人进行无偿的社区志

〔1〕 薛玉佩．美国体育志愿服务的激励机制及其启示[J]．体育文化导刊 2012(11):16 - 19.

〔2〕 吕化．他山之石:美国社会体育指导员的培养模式的启示与借鉴[J]．南京体育学院学报,2017,31(5):94 - 97.

〔3〕 NATA: HealthCareAdmin/Reha [EB/OL]. https://www. nata. org/professional-interests/emerging-settings/health-care-adminrehab.

〔4〕 Volunteering and civic Engagement in the United States [EB/OL]. http://www. volunteering in a merica. gov/national ♯ sthash. my6flfsm. dpuf, 2015 - 06 - 21.

愿服务，其中，至少有 1700 万人从事社区体育服务，占总人口的 5.5%[1]，形成了参与人数多、管理健全的体育志愿服务体系。

6.1.1.5　全面覆盖的科研、教育和信息网络系统

早在 1948 年，美国学界就开始关注老年体育并在学术领域取得了丰硕的成果，美国政府也非常重视老年健康问题研究。如白宫老龄会议（1995 年）的第 24 号决议就提出"增加联邦对老龄研究、老年疾病、老年护理、特殊老年人群等领域的科研资助"。此后，2005 年再次重申"基于健康营养促进和慢性病预防管理的实证研究，老龄署应加快体育活动和营养资源库的建设"。美国许多大学都建有老年与体育促进健康实验室，积极申报完成老龄署和老龄研究院委托的研究课题[2]。美国的老年人体育科研还非常重视科研成果的推广与转化，转化型与推广型体育科研成果是美国老年政策制定的依据与基础。同时，美国十分注重"医体结合"，构建医疗卫生服务和体育健身服务于一体的运动促进健康服务平台。倡导以"运动"这一非医疗手段来促进健康，发挥医疗卫生系统和体育系统的协同功能，提倡医院把运动处方作为健康治疗与恢复的重要手段，凸显出美国以"运动促进健康"的健康服务宗旨[3]。为提高医务工作者运动促进健康指导能力，美国运动医学学会加强了从业人员的培训，并建

---

〔1〕　王占坤．发达国家公共体育服务体系建设经验及对我国的启示[J]．体育科学,2017,37(5):32 - 47.

〔2〕　湛冰,王凯珍．政策工具视角下美国老年体育政策文本特征分析[J]．体育科学,2017,37(2):28 - 36.

〔3〕　彭国强,舒盛芳．美国运动健康促进服务体系及其对健康中国的启示[J]．体育与科学,2016,37(5):112 - 120.

立了"医体结合"的继续教育及职业认证体系[1]。美国的一些医学院校，也加大了体育活动干预相关课程的培训，注重学生运动干预慢性病的方法与能力的培养[2]，以期学生将来走上工作岗位能熟练应用运动干预的手段来治疗老年慢性病。此外，美国重视大众媒体对体育活动的传播，利用各种媒体宣传国家健康战略。如《健康公民 2010》设立专门的信息发布和健康网络辅导网站，《健康公民 2020》建立网络社区，为公民健康提供健康资料来源和技术援助[3]。

6.1.2　德国老年人体育服务社会支持体系

德国是世界上最早步入老龄化社会且人口老龄化最严重的国家之一，早在 1932 年德国 65 岁及以上的老龄率就已经达到了 7%，1972 年达到了 14%，2009 年达到了 20%。2012 年，德国联邦统计局根据相关数据预测，未来 50 年内，德国 60 岁以上人口将大幅增加，将从目前的 23%上升至35.8%[4]。根据 2008 年德国柏林研究所的一份研究数据显示，德国人口老龄化的程度远比上述数据严重。预计到 2025年将达到 39.3%，到 2050 年则高达 55.8%，即在 2050 年的德国，每两个人当中就有一个 65 岁以上的老年人[5]。

---

〔1〕　黄亚茹,梅涛,郭静. 医体结合,强化运动促进健康的指导——基于对美国运动促进健康指导服务平台的考察[J]. 中国体育科技,2015,51(6):3-9.

〔2〕　岳建军. 美国《国民体力活动计划》中体育与卫生医疗业融合发展研究[J]. 体育科学,2017,37(4):29-37.

〔3〕　US Dept of Health and Human Services. Healthy People 2010: Conference edition[R]. Washington: U. S. Dept of Health and Human Services. 2000:11.

〔4〕　刘春雪,吴琪俊,王碧艳,等. 发达国家机构养老模式对我国的启示[J]. 广西中医药大学学报,2015,18(2):137-139.

〔5〕　蒋红柳. 欧盟破解人口老龄化问题探析[J]. 西南民族大学学报(人文社会科学版),2014,35(05):17-22.

6.1.2.1 多部门联合制定老年人体育服务政策

德国把老年人有机会参加体育活动作为大众体育政策中重要的一部分。为了保障老年人的体育活动，提高老年人群体体育活动的参与率，德国相关部门联合推出了多项计划。2010 年 1 月至 2012 年 3 月，由德国奥林匹克体育联盟（以下简称德国奥体联）牵头，德国家庭、老年人、妇女和青年部联合推出的"50 岁以上老年人健身组织网络计划"，得到了德国奥体联下属的部分单项协会和部分地区体联的积极响应。其中，德国体操联盟推出了"运动直至 100 岁"计划，动员 80 岁以上的老年人参加体育运动。为了方便老年人及时、全面了解各类体育俱乐部的活动信息，下萨克森州体联把 50 岁以上老年人的体育活动安排集结成册。北莱茵-威斯特法伦州体联则将体育视为年轻人与老年人沟通、联系的重要桥梁之一，推出了"年轻人和老年人一起健身计划"，这一计划得到了广泛支持，社会反响极好。该州体联下属 5 个单项协会的 19 家俱乐部参与了"计划"，为使计划顺利推行，这些俱乐部煞费苦心，对活动内容和形式进行了积极创新，并进一步拓宽合作渠道，组织网络也因此更加完善[1]。为提高高龄老人的公共体育服务水平、满足高龄老人的体育运动需求，德国奥体联与德国家庭、老人、妇女和青年部共同推出《为 70 岁以上老人提供运动机会计划》[2]。各运动协会十分注重本运动项目的体育服务，如德国射击射箭联盟针对老年人群体，提供专门性和一般性的体育服务，组织老年

---

〔1〕 侯海波. 德国实施"50 岁以上老年人健身组织网络计划"[J]. 中外群众体育信息,2012(4):25-37.

〔2〕 王占坤. 发达国家公共体育服务体系建设经验及对我国的启示[J]. 体育科学,2017,37(5):32-47.

人参加老年人射箭锦标赛。

6.1.2.2 运动与健康结合推动老年人体育服务体系建设

为保障老年人的身体健康，德国法令明确规定老年人有权利要求参与复健运动，通过运动来恢复或维持身体运动能力，并且将健康医疗范围扩大涵盖运动俱乐部。2004年，德国政府推行了一项重要的医疗保险改革，健康保险的服务范围延伸至运动与健康促进等疾病预防措施，这一改革举措，在一定程度上促进了投保人参与权的提高，并使投保人自我健康及疾病预防的效能有了大幅增强[1]。随着人口老龄化速度的加快，老年健康服务业迅速兴起。在此背景下，德国保险公司提出了以预防性医疗服务为主的"第二健康市场"概念，其内容包括预防性健康检查、运动与旅行健康及预防服务等[2]。如果老年人需要长期进行运动复健，无论引发的原因如何，都可以由医生转介到运动俱乐部参与复健运动训练。而在运动复健训练过程中，参与者需要支付的费用非常少，因为运动复健与部分辅具装备费用都由保险公司买单。同时，在各种针对老年人的社会机构如体育俱乐部、敬老院、老年人之家中提供护理或体育护理，老年人可以在医院和康复中心进行心血管疾病体育和门诊理疗体育的诊治。近年来，德国运动医学界还推出了"运动即良医"的概念，当老年人出现身体功能衰退或疾病现象时，医生会为老年人开出运动处方，建议他们参与运动俱乐部的"复健运动课程"，让老年人通过"运动处方"式的运动治疗提升其生理及心理

---

〔1〕 刘会平. 德国老年人体育政策演进特征探析[J]. 体育文化导刊,2015(12):33-37.

〔2〕 刘青. 德国商业健康保险及经验借鉴[J]. 中国医疗保险,2015(4):63-66.

功能。

6.1.2.3　专门化与专业化培养老年人体育指导员

德国政府对志愿者工作高度重视，把引导和支持志愿者提供社会服务作为国家的一项基本战略。1999年，德国联邦议院设立专门的"公民志愿行动的未来"调查委员会，主要任务是为促进德国自愿的、面向公益的、不以获取物质收益为目的的公民志愿行动制定具体的政策战略与措施。担任体育志愿服务的力量主要是社会体育指导员和志愿者，2012年，有885万名德国体育志愿者担任了各类体育志愿服务工作，其中有700万人属于无偿服务[1]。体育志愿者占据了德国社会体育指导员的绝大部分，专、兼职人员只是少数。这些社会体育指导员活跃在各级体育俱乐部，为大众提供体育服务。管理社会体育指导员是德国政府十分重视的一项工作，通过立法保障、建立激励机制等措施，德国政府不断扩大体育志愿者人数。而且，德国政府不定期的对体育志愿者进行业务培训，不断提高他们的专业水准和服务质量[2]。德国政府还通过税收优惠、为志愿者购买意外伤害事故险等举措鼓励和支持民众积极投身志愿者服务。从2000年开始，德国奥林匹克体育联盟专门设立了"支持体育志愿服务奖"，以表彰积极支持体育志愿服务工作的人和机构。德国还设立了专门的老年人体育指导员，德国各运动俱乐部中都有经验丰富的老年人体育指导员，他们能够为老年人提供多样性的运动课程。为保障老年人体育指导员水平，德国注重老年人

〔1〕　侯海波.德国大众体育发展现状及成功经验探析[J].山东体育科技.2014,6(3):95－99.

〔2〕　王占坤.发达国家公共体育服务体系建设经验及对我国的启示[J].体育科学,2017,37(5):32－47.

体育指导员的培训，培训内容包括老年人的生理心理特点、健康状况、文化背景、体育需求以及运动预防培训和运动康复培训等。1970年，西德体育联盟委托非政府组织红十字会促使老年人参加体育活动。1971年，德国红十字会在全国建立起锻炼小组，开始推广"保持健康"项目，目的是通过该项目的实施改善老年人生活方式。该项目内容包括一般身体锻炼、水上锻炼、老年集体舞和瑜伽4项活动。活动地点通常在老年日间照管中心、老年俱乐部、老年公寓、教堂、社区管理部门和私人会所等。他们通过提供适合不同人群的活动，鼓励从未参加过体育锻炼，甚至害怕活动的老人以及很少与他人交往的老人参加"保持健康"课程班。该项目除了指导老年人参加体育锻炼外，还要培训老年人体育指导员。该项目实施后，仅1984年就有18万老年人参加活动，共有4500名老年人体育指导员为11250个锻炼小组提供指导。[1]此外，大众学校、社区学校和教堂等其他公益组织也把提供"老年人活动课程"作为一项任务。

6.1.2.4 科学研究与专业设置助力老年人体育

1923年，德国运动科学家Carl-Diem认为老年人运动的内容项目与练习的质量需要有所限制，强调避免高强度高负荷运动，此后，德国将运动科学研究扩展到老年人运动。20世纪70年代，西德开始全面、系统地研究老年人的身心健康，以及相关的体育和福利政策。2007年德国科隆体育学院开设了老年体育硕士专业，2010年，该专业更名为体育和运动老年学，培养目标是能运用心理学与社会学、生物学与生

理学、运动学和训练学相关知识分析与研究老年人体育活动，并能通过身体活力方法创新、老年社会问题分析，达到促进老年人健康与长寿、自理和生活的高质量[1]。目前，活跃在德国的老年人帮助中心和康复机构里，对老年人体育活动进行指导和管理的工作人员大部分是德国科隆体育学院培养出来的学生。

6.1.3　澳大利亚老年人体育服务社会支持体系

澳大利亚在 20 世纪 50 年代初就进入了老龄化社会。澳大利亚统计局公布的 2016 年最新的人口普查结果显示，在澳大利亚，有 16％的人口年龄达到了 65 岁以上（包括 65 岁），有超过 50 万人年龄在 85 岁以上（包括 85 岁）。数据显示，2021 年澳大利亚 65 岁以上人口会从 2002 年的 250 万增加到 420 万，占总人口的 18％，预计到 2051 年，老年人口上升至总人口的 26％[2]。同时，高龄化也是澳大利亚老龄化的一个显著特征，如 70 岁及以上老年人已经达到 200 万，占据全国人口的 9％；预计到 2021 年将增加到 13％，到 2051 年将增加到 20％，大约为 570 万。男、女性的平均寿命已经分别达到了 83 岁和 78.3 岁，上升到全世界第二名[3]。澳大利亚持续增长的老龄化趋势，使得澳大利亚经济增长缓慢，从 2008 年开始，经济增速就从未超过 3.25％；

---

〔1〕　董伦红,徐冰,沈纲.德国科隆体育学院体育和运动老年学硕士培养特点及其启示[J].体育学刊,2015,22(1):80-83.

〔2〕　澳大利亚人口普查结果公布,27 个数据告诉你一个最真实的澳大利亚_搜狐教育. https://www.sohu.com/a/152820509_170868.

〔3〕　Australian Government Department of Health and Aging. Aging and Agedcarein Australia〔BLOG〕. http://www.health.gov.au/internet/main/pub-lish-ing.nsf/Content/aging-whatnew.ht.

此外，日益加剧的人口老龄化导致当地医疗卫生部门的负荷不断加大。因此，作为典型的老龄化国家，澳大利亚已经形成了包括体育服务在内的较为完善的老年人养老服务体系。

6.1.3.1 实施家庭和社区保健计划

1984年，澳大利亚开展了家庭和社区护理服务项目（HACC）。该项目的宗旨就是给老年人、残疾人留在社区和家庭中提供一些综合服务，主要包含了家务类服务、个人护理类服务、医疗类服务以及社交类服务，而社交类服务就包括了帮助制订活动计划等，如指导老年人锻炼、行走、加强肌力和平衡训练等[1]。该项目的运营经费主要由联邦政府、州政府和地区政府联合筹集，其中联邦政府筹集的资金约占总资金的60%，而维持日常运转的管理经费则由州政府与地区政府负责[2]。澳大利亚昆士兰州开展护理社区能效计划，即联合护理社区，其在全州范围内拥有8400多名员工和志愿者，280多个服务机构，其提供的服务范围涵盖到了儿童、青少年、成年人和老年人等各个年龄层次群体。澳大利亚昆士兰州还开展了社区创新计划"老年人体育赛事"，该赛事的目的是让老年人最大限度地参与、享受以及增加老年人的自信[3]。该项赛事设有专门的管理委员会，委员会的每

---

〔1〕 刘腊梅，范福玲，路丽娜，等. 澳大利亚老年人社区居家养老服务及启示[J]. 中国老年学杂志，2017，37(20)：5181-5183.

〔2〕 Chen Z，Song Y，Yu J，et al. Differential development strategies of aged care support and continuity services in China，Japan and Australia[J]. J Clin Gerontol Geriatrics，2014，5(2)：36-41.

〔3〕 Lyn Clark，Avon Ebran，Alina Graham，et al. The Seniors' Games：An Innovative Australian Community Program[J]. Activities，Adaptation & Aging，2003，27(3/4). ：53-63.

个成员都有非常明确的角色和责任，其中很重要的一个任务是鼓励老年人积极从事体育活动并参与到该项赛事中来。赛事的赞助商包括昆士兰卫生组织的家庭和社区护理资源部门、布里斯班市议会、昆士兰科技大学和相关社区。赛事通过广播电台、电视频道和报纸等媒体进行宣传。昆士兰科技大学每年有超过 1500 名攻读护理、人体科学和体育专业的本科学生作为志愿者参与该项赛事，为体育赛事提供帮助。为在该项赛事上取得优异成绩，许多代表队提前几周甚至几个月就开始进行训练，充分显示了老年人参与体育锻炼的积极性。

6.1.3.2 制订活跃老年人行动计划

澳大利亚卫生调查报告显示，澳大利亚超重或肥胖的成年人就有 61.4%[1]。基于澳大利亚国民糟糕的健康事实，澳大利亚健康部颁布了《身体活动指导手册》，规定不同年龄人群每天可以久坐的时间，并指出在无法避免坐着工作时，要尽可能多地起身活动[2]。而经常参加体力活动对老年人来讲，不仅可以提高力量、平衡和灵活性等身体素质以减少跌倒与骨质疏松的风险，还可以减少高血压、Ⅱ型糖尿病、乳腺癌、心脏病以及过早死亡等疾病风险，从而促进健康老龄化。因此，老年人的体力活动参与水平在整个生命过程中显得尤为重要。体力活动作为改善和保持老年人身心健康、提高老年人生活质量

〔1〕 Australian Bureau of Statistics. Patient experiences in Australia: summary offindings, 2010 - 11〔R〕. Canberra: Aus Bureau Statistics 2012.

〔2〕 Wilmot E G, Edwardson C L, Achana F A, et al. Sed-entary time in adults and the association with diabetes, cardiovas-cular disease and death: systematic review andmeta-analysis〔J〕. Diabetologia, 2013, 55(4): 2895 - 2905.

的重要途径，在澳大利亚得到了广泛的重视[1]。2007 年，澳大利亚政府制定了《活跃澳大利亚蓝图：政府和社区提高人口体育活动水平行动》。在此基础上，2009 年澳大利亚心脏基金会根据老年人的生理、心理以及社会文化等特征，发布了重点领域行动计划《活跃老年人行动计划》[2]。该计划内容包括针对老年人的体育需求实施大规模媒体宣传；为老年人设计和实施包括教育、建议、促进参与动机和减少障碍的多元内涵的体力活动战略计划；制定和实施力量和阻力训练方案，促进老年人的肌肉力量等[3]。

6.1.3.3　强化体力活动媒介传播战略

澳大利亚政府充分利用大众传媒在有效设置社区体力活动议程方面的作用，鼓励各类媒体参与身体活动的推广，从而提高公众对体力活动的认识，改变人们的体育态度，取得了较好的效果[4]。《柳叶刀》等权威杂志的研究表明，在宣传、提醒、鼓励与支持社区居民改善体育活动方面，大众传媒发挥着至关重要的作用，通过大众传媒的推广，居民进行

〔1〕　Lyn Clark,Avon Ebran,Alina Graham,et al. The Seniors'Games:An Innovative Australian Community Program[J]. Activities,Adaptation&Aging,Vol. 2003,27 (3/4):53 - 63.

〔2〕　National Heart Foundation of Australia. Blueprint for an ActiveAustralia. Key Government and Community Actions Required to Increase Population Levels of Physical Activity in Australia-2010 to 2013[Internet]. Canberra(AUST):Heart Foundation;2009 http://www. heart found-ation. org. au/Site Collection Documents/Blueprint-for-an-active-Australia. pdf.

〔3〕　徐士韦.《活跃澳大利亚蓝图：十大重点领域行动计划》解析[J]. 西安体育学院学报. 2014,4(31):425 - 432.

〔4〕　Tudor-Locke C,Ainsworth B E,Adair L S,et al. Objective physical activity of Filipino youth stratified for commuting mode to school[J]. Med Sci Sports Exerc,2003(35):465 - 71.

中、高强度步行的比例得以显著提高[1]。因此，澳大利亚政府实施体力活动媒介传播战略，并提供充裕的资金予以支持。各类媒体通过宣传定期从事大于中等强度体育锻炼的好处以及身体活动不足对健康的危害，使每个澳大利亚人都真正意识到身体活动对健康的重要性[2]。澳大利亚政府通过大众传媒营造积极的体育文化氛围，并根据年龄、种族、生活习惯的不同，采用相应的宣传教育方式，试图提高所有居民参与身体活动的兴趣。与此同时，各类媒体也充分利用自身优势，积极创新体育宣传活动的内容与形式，增强民众身体活动的意识，如"无电视日""关电脑日"等特别活动就分别由电视媒体和数字媒体推出。另外，澳大利亚政府专门下拨资金，用于建设增强身体活动热线，邀请运动促进健康专家为居民解答如何提高身体活动等问题[3]。在澳大利亚社区的创新计划"老年人体育赛事"中，也被认为在更广泛的社区中传播信息很重要，可以刺激赞助和宣传，媒体的发布就会被发送到所有的地方媒体，如广播电台、电视频道和报纸[4]。

6.1.3.4　完善基础医疗服务体系

澳大利亚的基础医疗体系非常完善，健康从业人员主要

〔1〕　Abioye A I. Do mass media campaigns improve physical activity? A systematic review and meta-analysis[J]. Archiv Public Heal,2013,71(1):20.

〔2〕　王晓波. 澳大利亚的群众体育政策及其启示[J]. 体育文化导刊,2014(05):24-27.

〔3〕　Shilton T,Bauman A,Leavy J,et al. Action Area 12:Mass-media Strategy[A]. In:Blueprint for An Active Australia[M]. 2nd edn. Melbourne:National Heart Foundation Aus,2014:78-81.

〔4〕　Lyn Clark,Avon Ebran,Alina Graham,et al. The Seniors' Games:An Innovative Australian Community Program[J]. Activities, Adaptation&Aging, Vol. 2003,27(3/4):53-63.

包括家庭医生、物理治疗师以及运动生理学家等健康辅助成员。澳大利亚人对自身身体状况较为关注，每年至少看一次家庭医生的澳大利亚居民占比 82%[1]。澳大利亚政府对健康从业人员不定期地进行专业培训，不断提高他们的专业水平，使之具有风险评估和开具运动处方的能力。澳大利亚约每 800 人就拥有 1 名全科医生，全科医生在老年人健康保障中扮演了相当重要的角色，其主要的职责之一就是给老年人提供日常医疗保健服务并开具相应的运动处方[2]。全科医生作为家庭医生，不仅为行动不便的老年人提供医疗服务，并为社区老年人提供日常保健和健康教育的服务。除此之外，还与医院的医生保持联系，为老人提供出院后的继续治疗和运动康复服务。仅 2008—2009 年度，全科医生就为澳大利亚 65 岁以上老年人提供约 3960 万次服务，占其总服务人次的 30%[3]。此外，澳大利亚的家庭医生、运动生理学家与物理治疗师等健康辅助成员之间联系密切，并建立了相互推荐机制。例如，家庭医生一旦发现患者具有慢性病风险，他就会把患者推荐给经验丰富的运动生理学家或物理治疗师，其后的评估和循证物理治疗干预将由他们接手，这样不仅提高了患者的自我健康管理能力，还提高了他们的身体活动水平[4]。因此，广泛的服务主体及服务内容满足了老年人多元化、多层次的体育服务需求。

---

〔1〕 Australian Bureau of Statistics. Patient experiences in Australia: summary offindings, 2010 - 2011 [R]. Canberra: Aus Bureau Statistics 2012.

〔2〕 Kamd, Yinc. Introduction to Aged Care in Australia[J]. Chinese General Practice, 2003, 6(5): 122.

〔3〕 ABS. Australian Social Trends 2011: Health services: Use and patient experien [EB/OL]. http://www.abs.gov.au/ausstats/abs@.nsf/mf/4102.

〔4〕 Milton K, Smith B, Bull F. Action area 3: Health Care. In: Blueprint for An Active Australia [M]. National Heart Foundation, 2014, 8: 26 - 31.

6.1.4 日本老年人体育服务社会支持体系

日本是世界上人口老龄化程度最高的国家，也是最大的长寿国。日本的老龄化率在1970年就达到7％，在亚洲和世界范围早早进入老龄化社会。此后，日本的老龄化持续加速，根据日本总务省公布的数据显示，日本65岁以上的高龄人口在2008年达到2822万人，总人口的比例达到22.1％。[1] 2013年，日本65岁及以上的老年人口达3172万人，占总人口的24.9％，创历史新高；2016年，日本老年人口达到3459万，首次超过27％，并且75岁以上人口有1691万人，占总人口的13.3％。[2]据推算，2050年日本老龄化率将达到32.3％，成为全世界高龄者总比例最高的国家，几乎是每3人中就有1名老人。[3]这一数据说明日本的老龄化问题日益严重。

6.1.4.1 政府主导的大众体育管理模式

日本大众体育管理制度基本上采用了中央政府、都道府县、市区町村的3级管理模式，其中文部省体育局是最高的政府体育管理部门[4]。文部省专门成立了保健体育审议会，为了加强地方体育事务的管理，还在各地方政府成立了对应的教育委员会。此外，建设省、通产省以及厚生省等部门也

〔1〕 日本人口老龄化［EB/OL］.日本总务省统计局官方网站,ｈｔｔｐ：／／www.stat.go.jp/.

〔2〕 日本内阁府：2016年版高龄社会白皮书［EB/OL］.http://www8.cao.go.jp/kourei/whitepaper/2017/html/zenbun/.html.

〔3〕 日本人口老龄化［EB/OL］.日本总务省统计局官方网站,ｈｔｔｐ：／／www.stat.go.jp/.

〔4〕 李明,秦小平.日本大众体育管理体制及社区体育的运行模式和特点研究[J].浙江体育科学,2009,31(5):12-14.

都发挥着不同的作用[1]。以"健康日本 21"为例，国家是制定"健康日本 21"的核心机构，负责制定基本方针；都道府县根据基本方针制订具体的计划，同时负责指导市町村层面的健康团体；而市町村和保健中心等机构的主要职责是以与上级计划相协调为原则，策划与制订本地区计划，开展国民健康促进活动。在促进老年体育发展过程中，日本政府除了履行完善法律法规体系、拨付活动经费、培育社会体育指导员等方面的职责外，还积极引导民间活力，鼓励社会团体等社会力量投入资源，协助推进老年体育政策工作[2]。政府对学校、企业、民间体育组织开展体育活动予以经济支持，采用"民办官助"的方式资助[3]。如日本体育协会承接了文部省的培训社会体育指导员、举办体育节、组织青少年体育团以及进行各种体育研究等具体工作。近年来，日本体育协会还设置了关于看护福祉、健康的新科会，以适应老龄化社会的需要。因此，日本基本上形成了"政府主导、社会力量参与"的老年人体育发展格局。

6.1.4.2　与时俱进的健康促进政策

日本在 1970 年进入"老龄化社会"的同时，就颁布了一系列的政策法规以及独特的养老方式，以提高老年人的生活质量。1978 年日本首次推出国民健康运动计划，重点在于提高人们对健康的认识，普及增进健康的知识[4]，并在此期

〔1〕　余方云.日本社会体育发展现状与趋势[J].中国体育科技,2004(3):54-55,78.

〔2〕　陈思远,刘会平.日本老年人体育政策推进策略及启示[J].体育文化导刊,2018(2):63-67.

〔3〕　王占坤.发达国家公共体育服务体系建设经验及对我国的启示[J].体育科学,2017,37(5):32-47.

〔4〕　厚生劳动省.厚生劳动白皮书(2012 年版)[R].2012.

间制定了"增进健康的饮食生活指针"（1985 年）。1988 年，日本又推出了第 2 次国民健康运动计划，旨在促进民众养成健身锻炼习惯，丰富与完善"从婴儿到老人"的健康体检与保健辅导体系。1989 年，日本政府制定"黄金计划"，旨在给低收入老年人提供家庭上门护理服务、完善老年人社会福利设施。为给老年人健康运动及健康教育提供良好的场地设施，1994 年，日本政府颁布"新的黄金计划"。1999 年，日本政府再次完善"黄金计划"，推出了"黄金计划 21"，旨在通过此计划建立护理保险制度[1]。2000 年，日本厚生省下发的"健康日本 21"国民健康运动文件，标志着从 2000 年到 2010 年为期 10 年的第 3 次国民健康运动正式开始。文件中为改善 60 岁及以上老年人的锻炼习惯，制定了每天增加1000 步的体育锻炼目标[2]。2006 年，厚生劳动省制定了《运动指南 2006》，规定了身体健康指标和相应的运动量，以预防与纠正民众的不良习惯[3]。2011 年，厚生劳动省颁布了《关于实现"健康日本 21"目标值的现状与评价》白皮书，在分析总结 2000—2010 年 10 年间"健康日本 21"计划实施的成果的基础上，得出了"体医结合"的重要经验。此后，日本开始重视"体育与医学相结合"的科学健身模式。2013 年颁布的"运动基准"中就有针对体育健身的医疗干预指示，尤其是慢性病高危人群。随后，《运动指导的安全策略》发行。《运动指导的安全策略》中介绍了如何对慢性病

---

〔1〕 丁英顺. 日本推动健康老龄化的经验及启示[J]. 河南社会科学,2014,22(8):109-114.

〔2〕 曹振波,陈佩杰,庄洁,等. 发达国家体育健康政策发展及对健康中国的启示[J]. 体育科学,2017,35(5):11-25.

〔3〕 张鑫华,王国祥. 从"健康日本 21"计划实施看日本社会国民健康的管理与服务[J]. 成都体育学院学报,2014,40(09):19-23.

高危人群进行体育指导，并以运动损伤的实例为例，阐述了运动损伤预防的重要性与运动损伤时的对策。2012 年，厚生劳动省颁布第二期《健康日本 21》，设定了 65 岁及以上老年人日常生活中步数的目标值[1]。在整个国民健康运动计划期间，日本政府还颁布了多部政策法规保障老年人体育活动的开展。如《高龄社会对策基本法》（1995）、《体育振兴基本计划》（2000）、《体育振兴彩票法》（2001）、《食育基本法》（2005）、《体育基本法》（2006）等法律文件。以与时俱进、目标明确的健康促进政策构建了针对老年人健康的长期规划，同时注重了"健康一生"的理念，并配套了相关法律，赋予了健康政策的法律地位。

6.1.4.3　健全完善的体育指导员制度

日本在老年人体育政策推动与落实过程中，将培养多数量、高质量、不同层次以及不同类型的社会体育指导者置于与体育设施同等重要地位，并作为社会体育发展全面振兴的重要措施[2]。1957 年，文部省以振兴地方体育为目的，设立了体育指导委员制度，《体育振兴法》（1961 年）对充实体育指导员做了明确规定。在 1972 年的保健体育审议会上，文部大臣咨询机构指出，社会体育指导员一定要具有正式资格。1988 年，"社会体育指导员资格授予制度"由文部省正式颁布，并受到了日本社会体育界公认，自此，日本的社会体育指导员资格得以制度化。通过几年的实施，到了 1994 年，日本的社会体育指导员达到 69633 人，其中包括了

---

〔1〕 曹振波,陈佩杰,庄洁,等 . 发达国家体育健康政策发展及对健康中国的启示[J]. 体育科学,2017,35(5):11 - 25.

〔2〕 张玲,丁玲玲 . 日本社会体育管理体制对我国社会体育发展的若干启示[J]. 南京体育学院学报(自然科学版),2009,8(04):146 - 147.

52862 名社区体育指导员[1]。2005 年统计数据显示，实际登记注册的社会体育指导员已经突破了 10 万大关，达到了107705 名，其中包括了 8276 名复数资格者[2]。同时，日本体协又以民众体育活动类型、技能水平以及运动趋向为原则，设立了基础体育指导员、健身体育指导员、体育经营指导员、竞技类体育指导员以及运动医学指导员五大类型体育指导员[3]。1988 年，日本培养社会体育指导员的范围进一步拓宽，具有医学知识与运动指导能力的"健康运动指导员"纳入培养范围，并制定了严格的资格考试制度及资格证书定期更新制度。2006 年，《健康运动指导员培养及普及方案》予以颁布，《方案》规定相关从业人员要取得"健康运动指导员"资格证书均需通过考试[4]。到 2011 年，日本《体育振兴法》纳入了"体育指导员知识、技能审查事项"内容，社会体育指导员受政府和社会团体共同管理，资格管理由体育协会负责，培养主要由大学或学院的体育系、专业学校以及民间体育运动团体来负责。

6.1.4.4 发达的社区体育组织网络

目前，社区俱乐部是日本老年人参加有组织体育活动的主要场所。为实现老年人生命的意义、改善老年人的身心健康，社区成为帮助老年人组织自己的俱乐部或支持老年人参

---

〔1〕 李相如．日本大众体育和社会体育指导员的发展概况[J]．首都体育学院学报,2002,14(2):12-14.

〔2〕 丛宁丽．析日本体育指导员资格认定制度的重大改革[J]．成都体育学院学报,2005,31(4):21-25.

〔3〕 钟建明．日本体育指导员管理制度研究[J]．体育文化导刊,2013(05):34-37.

〔4〕 黄亚茹,郭静,王正珍,等．加强体力活动指导对提高民众体质健康之作用研究——基于对"健康日本 21"实施效果的考察[J]．西安体育学院学报,2016,33(1):39-47.

加各种社会活动的主体[1]。20世纪70年代末至80年代，由于社会经济的高速增长所带来的社会变化，社区建设引起了日本政府的高度重视，体育活动成为日本政府进行社区建设的重要战略手段之一。1976年，日本文部省发起了一项关于"促进日常生活体育发展的调查研究"，提出市町村体育行政部门应当制定政策，以保障社区体育俱乐部体系化建设。1977年，文部省对市町村在体育俱乐部创建方面的工作，进行了财政补贴，并将"推动体育俱乐部创建事业"纳入了专项预算。1987年，文部省又实施了"社区体育俱乐部联合组织创建事业"，并对联合体育俱乐部做出贡献的市町村进行财政补贴[2]。在政府的推动下，出现了许多以老年人为中心的体育俱乐部。1994年，日本桩川体育财团公布的调查数据显示，日本的37万个社区体育俱乐部中共有1169万名会员，每个俱乐部平均有31人，会员总数约占总人口的10%[3]。而据日本桩川体育财团的另外一项调查，日本60～69岁间的老年人有18.2%的会选择参加社区体育俱乐部，70岁以上的老年人当中15.2%的会选择参加社区体育俱乐部[4]。1995年，日本还启动了综合型社区体育俱乐部的试点创建工作，2000年颁布的《体育振兴基本计划》更是明确未来日本综合型体育俱乐部的建立和发展是实现终生体育社会的重要战略，并要求每个市町村在10年内，即2010

〔1〕 刘泰佑.日本老人福利政策及其对中国的启示[J].东北大学学报（社会科学版），2012,14(1):57-60.
〔2〕 何文捷，王泽峰.日本社区体育俱乐部发展历程及启示[J].体育文化导刊，2017(4):192-196.
〔3〕 余方云.日本社会体育发展现状与趋势[J].中国体育科技，2004(03):54-55,78.
〔4〕 陈朝先.人口与社会保障研究[M].成都：西南财经大学出版社，1998:15-39.

年前，实现建立一个综合型体育俱乐部的最低要求[1]。截至
2015 年，日本已经建立起 3550 座综合型社区体育俱乐部，
分布在 80.8%的市町村。并且在综合型体育俱乐部建设过程
中会充分考虑老年人群体的身心特点。

6.2　发达国家老年人体育服务体系对我国的启示

6.2.1　多元主体协同推进老年人体育服务系统建设

发达国家在老年人体育服务系统的建设过程中，基本形
成了多部门共同参与的老年人体育服务系统建设局面。参与
系统建设的主体涵盖了政府组织、体育社会组织、协会机
构、企业、社区、学校、社会体育指导员、志愿者以及医生
等，每个主体在系统建设中发挥不同的作用，协同配合提供
老年人体育服务。比如，美国国家健康战略就非常重视部门
间的合作，不管是战略的实施还是协调，都通过多部门进行
了协作。而《国家计划：促进 50 岁以上成年人身体活动》
更是由 46 个部门共同推进；德国在老年人体育的发展过程
中，除了政府部门外，体育社团、企业以及志愿者都发挥了
重要的作用；澳大利亚在体育部门、交通部门、城市规划部
门、社区服务部门等多个部门的合作下，提高了国民的体力
活动参与水平，提高了国民体质；日本为了推动健康老龄化
的发展，政府承担起了完善相应法律法规体系、投入充足的
活动经费、培育社会体育指导员的关键性职责。此外，民间
体育组织、学校、公司企业等社会力量协同推进了老年人体

---

[1]　陆作生．日本《体育振兴基本计划》研究[J]．体育文化导刊，2008(10)：
106－109.

育服务。因此，我国老年人体育服务社会支持系统建设除了体育系统应当肩负一定的责任外，其他部门如财政部、卫生部以及住房和城乡建设部等部门也应肩负起相应的责任。以跨部门、跨领域为基本原则，多部门共同参与的老年人体育服务社会支持系统建设格局。

6.2.2 政策法规保障老年人体育服务系统建设

老年人体育服务系统法律政策不仅是政府部门的工作规范，更是全社会共同参与老年人体育服务系统建设的行动逻辑。在美国、德国、澳大利亚、日本老年人体育服务系统建设的过程中，始终伴随着政策法规的建设，其系统、连贯、完善的政策法规给老年人体育服务系统建设提供了法律保障。如美国颁布了专门性的老年人体育法规《国家计划：促进 50 岁以上成年人身体活动》；日本政府为了更好地实施健康计划，配套了许多相关的政策法规，其中就包括了多部法律。目前，我国老年人体育服务社会支持系统的构建还处于探索时期，政策不够完善，相关法律缺失。最为相关的一部政策法规是 2015 年发布的《关于进一步加强新形势下老年人体育工作的意见》，但缺乏可操作性。因此，在基于我国特殊国情的基础上，借鉴发达国家的成功经验，加强立法，明确责任主体、服务标准以及监管机制等，注意政策内容的创新，注入政策活力。如将志愿服务、大众媒体宣传、饮食等纳入到政策内容当中，建立卫生系统与体育部门联动的"体医结合"政策机制等。以政策法规保障老年人体育服务系统建设。

6.2.3 社区组织供给老年人体育服务

社区作为开展老年人体育活动的重要领地，在发达国家老年人体育服务体系建设中占有十分重要的地位。美国老年人健康促进呈现出集中在社区政策中开展的趋势，社区体育成为促进老年人参与体育和增进健康的重要策略，社区就成了老年人体育政策实施的主要推动主体。同时，美国政府还特别重视社区公共体育设施的建设，并通过联邦政策与相关医疗补助改善了社区设施。澳大利亚则在社区中给老年人提供社交类服务如指导老年人锻炼、行走、加强肌力和平衡训练等，同时配套有家务类服务、个人护理类服务、医疗类服务等其他综合服务。日本对社区建设特别重视，体育活动被纳入社区建设之中，并成为一种重要战略手段，老年人参加有组织的体育活动的主要场所是社区体育部。政府等部门建立了体育设施完善、功能齐全的综合社区体育俱乐部，并配备了高水平的体育指导员，推进社区体育的发展。因此，我国应该大力开展以社区为依托的老年人体育活动，将体育活动融入到日常生活当中，使其养成良好的锻炼习惯，同时配套相关的基础设施。通过改善体育设施、建立社区保健服务、加强与社区医院合作、建设社区老年人体育组织以及营造锻炼氛围等，形成老年人"体育健康促进"的社区生活方式。

6.2.4　体育指导员和志愿者服务于老年人体育

志愿者与体育指导员在发达国家老年人体育服务系统构建中扮演了至关重要的角色，是推动老年人体育服务系统建设的重要支撑力量。完善的体育志愿服务系统，也为发达老年人体育服务系统的建设节省了大量的人力、物力。在美国，社区志愿服务人员每年约有3800万，其中，从事社区体育服务的至少有1700万人，而这些志愿服务者均不计报酬。2012 年德国有 885 万体育志愿者，其中 700 万志愿者无偿进行服务，另外 185 万志愿者则担任了某些职位，其每年劳务价值 67 亿欧元。目前，日体协注册的体育指导员已达到了 389123 人，其中 226999 人已获得初步资格证书，占指导员总数的 58.3%。同时，发达国家政府又以加强管理、立法保障、建立激励机制等反哺体育志愿服务，使得体育志愿者专业水准、服务质量得到提高，形成了良性循环。美国已经建立了社会体育指导员资格审查制度和志愿服务激励机制，包括设立国家志愿者总统奖、税收措施以及体育志愿服务组织网站等；德国就设立了"支持体育志愿服务奖"，并通过给志愿者购买意外保险与给予税收优惠等方式来支持志愿者服务。此外，德国还具有专门的老年人体育指导员证书；日本很早就出台了"社会体育指导员资格授予制度"，而后又增加了具有医学知识与运动指导双重属性的"健康运动指导员"，形成了由大学或学院的体育系、专业学校以及民间体育运动团体的多元化的体育指导员培养体系。因此，我国要借鉴发达国家经验，完善老年人体育志愿服务系统，加大社会体育指导员和志愿者的培养力度。

6.2.5　体育和医疗卫生部门共建老年人体育服务系统

发达国家非常重视体育和医疗卫生部门在老年人体育服务系统建设过程中的协同作用，积极倡导"体医结合"的服务理念，打造"体医结合"一体化的健康服务平台。美国提倡以"运动"这一非医疗手段促进健康，发挥体育部门与医疗卫生部门间的协同作用。如在医学院校开设体育活动干预课程，培养学生运动干预慢性病的能力，还倡导将运动处方作为一种健康诊疗手段；德国统筹保险体系、医疗系统和运动中心或者俱乐部进行合作，将保险资源与健康促进进行深度融合并将运动参与纳入医疗保险改革，真正做到"体医融合"；澳大利亚主要由全科医生提供日常医疗保健服务，并在健康从业人员之间建立了互相推荐机制，完善的日常医疗保健服务为老年人参加体育活动提供了保障；日本政府特别重视"体医结合"的科学健身模式，设立了体育与医学相结合的健身中心，在各健身中心配备了医务室，确保"体医结合"模式的顺利运行。而目前我国体育部门与卫生系统在老年人体育服务系统构建中联系较少，缺乏部门间的联动，协同的"体医结合"政策机制也尚未建立。因此，在"健康中国"背景下，我们应该加强老年人的体医结合与运动干预的研究与实践，加强医学和体育结合的理论、技术以及政策的创新性研究，促进医学与体育深层次、多维度融合，促进健康产业与体育产业对接，建立健全老年人体育服务的环境和医疗服务网络。

6.3　本章小结

通过分析发现，美国、德国、澳大利亚和日本等发达国家老年人体育服务的社会支持表现出一些共同特征：多元主体协同推进老年人体育服务系统建设；政策法规保障老年人体育服务系统建设；社区组织供给老年人体育服务；体育指导员和志愿者服务于老年人体育；体育和医疗卫生部门共建老年人体育服务系统等。然而，由于各国的体育管理体制、经济发展水平、文化传统、老龄化程度以及治理老龄化的理念的不同，各国又表现出一些不同的地方：如美国采取的是多元主体协同的体育管理体制，而日本采取的是政府主导的大众体育管理模式；德国专门化与专业化培养老年人体育指导员，并用科学研究与专业设置来助力老年人体育服务；澳大利亚把老年人的体育服务融入到实施的《家庭和社区保健计划》，并十分重视体力活动的媒介传播；德国将保险资源与健康促进进行深度融合并将运动参与纳入医疗保险改革中。因此，我们应该在借鉴发达国家成功经验基础上，立足本国国情，构建具有中国特色的老年人体育服务体系。

7 我国老年人体育服务 社会支持系统的构建

协同治理理论已成为发达国家解决复杂公共问题的一种新的理论范式，为市场、社会、第三部门等组织参与社会管理提供了理论基础。在我国老年人体育服务方面，目前已初步形成了国家、社会、社区以及其他组织提供老年人体育社会支持的局面。但问题在于目前各种支持力量还处于各自为政且势单力薄，缺乏协同，没能发挥各自资源最大效益的局面。无论是在国家层面的顶层设计方面，还是在微观层面的具体操作方面，都未能形成一个有机的老年人体育服务支持系统。本部分将基于协同治理理论，构建我国老年人体育服务的多元主体社会支持系统，旨在有效利用各种社会资源，充分发挥社会各种支持力量的合力，为老年人体育发展提供切实可行的社会支持。

7.1 老年人体育服务社会支持系统构建的基本理念

7.1.1 基于健康老龄化和积极老龄化的目标

20 世纪八九十年代，为了应对人口老龄化这一日益严重的社会问题，国际人口学界先后提出了"健康老龄化"与"积极老龄化"理论。健康老龄化强调保障老年人身心健康，让老年人"老有所安"；积极老龄化探讨了收入、参与和社会保护对老年人健康的重要意义，赋予老年人获得健康、参与和保护的社会权利，强调老年人在"老有所安"的基础上"老有所为"。这一理念对于保障老年人的健康与社会参与的权利、老年人口的二次社会化，以及老龄社会经济与社会的发展都具有更为重要的价值与意义。因此，健康老龄化与积极老龄化应成为构建系统的基本目标。

7.1.2　基于协同治理的理论基础

参照本书第2部分相关理论基础部分所述，协同治理已成为当前各国解决复杂公共问题的一种创新性的管理模式，广泛应用于国家事务的管理、社会管理以及政府的公共服务。由于老年人体育服务具有准公共产品的性质，亦属于公共服务的范畴，因此，运用协同治理理论来解决老年人体育服务的社会支持问题在公共服务领域具备可以参考的案例；同时，现实生活中提供我国老年人体育服务的社会支持主体目前分散在政府与社会组织中，这些力量各自为政，且势单力薄，未能很好地发挥为我国老年人体育服务提供支持的作用，因此，在实践上也需要进行协同才能充分发挥合力，才能更好地满足老年人的体育服务需求。

7.1.3　基于政府"掌舵"、社会"划桨"的角色定位

在构建老年人体育服务社会支持体系的过程中，首先要辨析政府在老年人体育服务中的职责关系。从近现代体育的发展进程来看，政府介入体育事务只是国家政治与经济在某个发展阶段上的需要[1]，随着市场经济的发展，政府逐渐退出对老

---

〔1〕　国家体委文史工作委员会．中国近代体育史[M]．北京:北京体育学院出版社,1989.

年人体育服务的直接管理将是一个必然趋势。但鉴于我国政府参与社会管理的传统以及老年人体育服务社会化力量的薄弱，目前政府仍需占据主导地位，是老年人体育服务的首要责任人。但是，政府是首要的责任人并不意味着其他社会主体没有肩负责任。社会组织、社区、家庭、市场都应该在这一过程中扮演重要角色，形成政府"掌舵"、多元社会支持主体"划桨"促进老年人体育服务社会支持体系的局面。

7.1.4　基于老年人体育服务的需求导向

构建老年人体育服务社会支持体系的目的就是为了实现和维护老年人群体的体育权益的实现。因此，构建系统要以老年人体育服务需求为导向。同时，鉴于老年人体育服务个性化、多元化、多层次等需求特征，老年人体育服务可以包括但不限于体质监测、体育活动、体育设施、体育组织、体育指导、体育信息等服务。但需要注意的是，保障老年人的基本体育权利是建立老年人体育服务社会支持系统的出发点，因此应该在满足老年人最基本的体育需求基础上再追求多元化的服务，如老年人体育设施、体育活动等服务是首要解决的问题。

7.1.5　基于以社区为依托的发展思路

社区是我国行政区划最基层的行政单位，是老年人群体的物理生活空间。社区是老年人生活所在地，也是老年人日常体育活动的重要场所，老年人的主要体育活动均在社区范围内进行。因此，老年人的体育服务只有植根于社区，才能生根发芽，落地开花。因此，本文构建的老年人体育服务的社会支持系统建立在以社区为依托的基础之上。社区的依托作用主要体现在以下几个方面：一是依托社区的物理自然条件与设施。主要指社区的公园、广场、山地、河流等，还包括社区范围内的单位、企业、住宅小区的体育场地与设施，这是老年人锻炼的基本场地设施条件。二是依托社区行政组织。老年人集体体育活动，如大型与小型的体育赛事、体育娱乐活动等有些需要借助社区组织的帮助，没有组织的依托，活动场地的提供、经费的筹集等都存在一定的问题。三是依托社区群体网络。社区群体是老年人所生活的基本社会网络，是老年人的生活与娱乐圈，社区体育活动的开展离不开这个基本的社群网络。

7.2 老年人体育服务社会支持系统框架构建

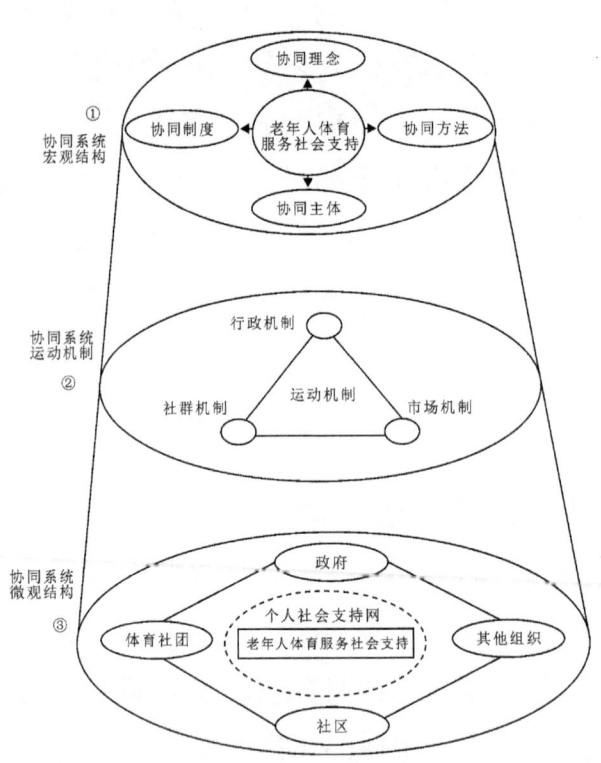

图7-1 我国老年人体育服务社会支持系统

基于图 7-1 所构建系统的基本理念，结合我国老年人的体育需求，根据当前我国体育与社会发展的基本情况以及国家最新政策的指导，本书构建了由宏观结构、微观结构、运行机制 3 部分构成的我国老年人体育服务社会支持系统。宏观结构上，这一协同支持系统的内容包括协同理念、协同规范、协同方式与协同主体；运行机制主要有 3 种机制，行政机制、市场机制与社群机制；微观结构上构建了"政府—社会体育组织—社区—其他组织—个人社会支持网"五位一体的多元主体老年人体育服务社会支持系统。

7.3 协同系统的宏观社会支持结构

7.3.1 协同理念

理念的协同，对于系统微观结构中的多元主体将会具有协同行动上的指导作用，协同理念的传播可以大大提高多元主体协同支持的效率。从老年人体育服务的社会支持上来说，协同理念主要包括以下几个方面：一是老龄化社会的稳定与发展需要每一个人的努力，树立协同为老龄化社会服务的理念；二是树立让全社会老年人"老有所安"的理念，协同以体育服务来促进老年人健康老龄化；三是树立让全社会老年人老有所为的理念，协同以老年体育促进老年人积极老龄化。

7.3.2 协同规范

多主体的协同，需要有协同制度与规范的约束才能保证参与主体的各方遵循规范，各司其职且互相配合，才能提高协同效率，达成系统目标。建立协同规范在系统中的主要作用包括：保障老年人体育参与的基本权利；保障多元主体参与老年人体育服务的合法性与权威性；约定各参与主体为老年人体育提供服务支持的责任与义务；明确多元主体在老年人体育服务上的责任边界。

7.3.3　协同方式

从协同方式上看，依据主体间协同参与的程度大体有协商、协调、协作、协同 4 种方式[1]。协商，是指为了解决多元主体所面临的共同问题，各主体就解决问题的办法进行平等对话沟通与商量，希望最终达成一致意见。协调，在多元主体之间存在矛盾时尽力消除分歧，达成共识，一致行动。协作，是指多元主体根据事前达成的协议相互配合一起行动。协同，是指多元主体为了实现共同的目标与其他行为主体积极配合，共同完成任务的方式。在老年人体育服务的支持系统中 4 种协同方式都会存在。在解决具体事务方面，可以采取协商的方式，如就某一小区广场舞扰民事件可以采取社区与广场舞社团、小区业主委员会等主体协商的方式来解决；在大型社区体育活动的组织上，在体医结合共建健康社区等较为复杂的公共体育问题上，需要采取多元主体协同支持的方式；在老年人体育赛事或者活动的企业赞助、高等院校体育志愿者参与社区体育活动方面可以采取协作方式。因此协同方式的选择需要根据不同体育的事务情境，选择 4 种协同方式中的一种或者几种的组合来实现共同为老年人体育

---

〔1〕　徐嫣,宋世明. 协同治理理论在中国的具体适用研究[J]. 天津社会科学,2016(2):74 - 78.

服务提供社会支持的目标。

7.3.4　协同主体

如前文所述治理主体多元化是协同治理的核心内容，也是系统的核心要素。参与协同治理的主体可以是政府组织，也可以是社会组织、民间组织、企业、家庭、志愿者组织等。本章在参照学界关于弱势群体社会支持以及其他领域协同治理主体的研究，结合各种政府与非政府组织在我国老年人体育支持中的实际作用，确定政府、体育社团、社区、其他组织以及个人社会支持网等五种支持主体。多元主体参与协同治理的主要动力在于：各种主体在治理系统中都有自己的资源优势，然而仅凭一己之力又难以完全承担为老年人体育提供服务支持的职能，只有充分发挥各种主体的自身优势，协同作战才能更好地满足老年人的体育需求。以下在系统的微观结构中，将基于资源优势的视角具体分析选择这些主体的主要理由，并对各种主体进行角色定位与具体责任分析。

7.4　协同系统的微观社会支持结构

7.4.1　多元社会支持主体的确定

7.4.1.1　政府

老年人体育服务准公共产品的性质决定了其主要的支持主体是政府，因为为社会提供公共服务是政府的基本职能。因此，本书把政府确定为整个老年人体育服务社会支持系统的主导者，起着统筹全局、整合资源的作用。尽管在"举国体制"的管理体制下，政府既"掌舵"又"划桨"，单独供给老年人体育服务，导致财政负担重、行政成本高、资源分配不合理等问题，还难以满足老年人的基本体育需求。但从我国的政治体制上来分析，政府"掌舵"的职能不会改变，变化的是政府将"划桨"职能分权给社会。当然，随着社会经济的发展，老年人体育服务需求日益增长及多元化的特点，政府单独供给的模式显然已经不符合时代发展潮流。随着体育管理体制改革的加深，政府将体育服务的生产职能让渡出来逐渐向社会力量转移将是当前和以后公共服务的大方向。这一变化趋势也为其他社会主体协同政府支持老年人体育服务系统的构建奠定了基础。根据实地考察调研的结果，在我国体育行政机构中，目前承担老年人体育服务的政府主要机构是体育局。体育总局及其下属部门多年在老年人体育服务方面承担了提供政府支持的责任，也积累了许多老年人体育服务的经验。因此，本书构建的系统中体育总局及其下属部门代表政府成为多元主体之一。

7.4.1.2　体育社团

由于我国体育管理体制改革还处于探索阶段，政府体育职能的转移还不够彻底，尤其在弱势群体的体育服务供给上。在老年人体育服务社会支持系统中，政府承担了老年人体育服务的供给职责。在体育管理行政改革的背景下，今后的方向是政府将老年人体育服务的职能逐步转交给社会。从我国目前的实际情况来看，能够承接老年人体育服务职能的主要是体育社团。大众性的非正式体育社团是我国大众体育发展的基本组织形式，也是我国老年人体育的基本组织形式。进入 21 世纪以后，我国的体育社团获得了长足的发展。2010 年以来，国家加快对社团管理制度改革的步伐，并提出了建立"政社分开、权责明确、依法自治的现代社会组织体制"的改革目标，明确提出了"脱钩管理""直接登记""一业多会""规范内部治理""坚持培育发展""强化法律责任"等主要改革措施，尤其是《社会团体登记管理条例》的修订极大地激发了体育社团的发展。截至 2015 年，我国共有体育社团 2.3 万个。这些体育社团是当前我国社会体育的重要载体，是老年人身边的体育组织，具备形式多元化和项目多样性的特征，能有效地满足当前我国老年人多元化与个性化的体育需求，应当成为提供老年人体育服务社会支持的重要力量。

7.4.1.3 社区

社区这一组织在我国具有行政组织与社会组织的双重属性。一方面社区是城市政府管理的基层单位，承接许多政府的行政管理职能，具有政府组织的特性；另一方面，社区居委会具有法律上的自主管理权，又具有社会组织特性。因此，社区所能提供的体育服务就具有"双重性"，既有承接政府职能的正式支持的性质，又有对接社区网络组织如邻里、亲情、友情等个人社会支持网非正式支持的性质。由于当前我国社区自治程度的不足，形成了以政府支持为主导，其他组织的社会支持为补充的局面，所以本书把具备以上特征的社区支持称为"准正式支持"。社区作为老年人日常生活所在地，随着社会经济的发展，社区的体育基础设施的不断完善，社区也成为老年人开展体育活动的主要阵地。社区在开展老年人体育服务支持方面具有以下 5 个方面的资源优势：一是社区能够提供老年人活动所需的体育设施；二是社区里的体育指导员能提供一定的体育指导服务；三是社区还可以举办一些体育活动供老年人参加；四是社区离家近，便于老年人进行锻炼；五是锻炼伙伴可能都是周围邻居或亲朋好友，有利于情感的维系和精神世界的充盈。因此，构建以社区为依托的老年人体育活动组织网络将成为当前老年人体育服务社会支持系统建设的重要突破口。

7.4.1.4　其他组织

在老年人体育服务社会支持系统中，学校、医疗机构、企业、媒体、志愿者等社会支持主体提供了各种资源，也扮演了相当重要的角色，构成了其他社会支持系统。在其他社会支持系统中，学校具有体育场地设施优势，大学的体育学院还具备老年人体育服务需要的专业人力资源；医疗机构可以给老年人在体育活动之余提供保健服务，还可以与学校或社会体育组织共同培养康体复合型的社会体育指导员，兼具体育和医疗功能，可以为老年人体育活动提供科学指导；企业在老年人体育服务社会支持体系中可以弥补其他主体支持可能存在的低效问题，同时市场的参与还能打破其他主体可能存在的垄断，有利于满足老年人个性化、多元化、多层次的服务要求；此外，在信息时代，大众媒体的宣传、传播功能对于营造良好的老年人体育氛围，宣传老年人体育，促进老年人体育活动与赛事的开展都起到了很好的社会舆论支持的作用。可见，这些正式组织也在老年人体育服务系统中发挥了一定的作用，理应成为参与主体。

7.4.1.5　个人社会支持网

个人社会支持网是指个人借以获得各种资源支持（如金钱、情感、友谊等）的社会网络[1]。有研究认为，亲属在财

---

〔1〕　贺寨平．国外社会支持网研究综述[J]．国外社会科学，2001(1)：76-82．

务支持和精神支持方面有重要作用，同事和朋友的精神支持大于财务支持[1]。从老年人体育服务来看，是指老年人能够获得用于体育锻炼的物质与情感的社会关系网络。这一网络所提供社会支持的内容包括老年人参与体育活动的金钱、体育用品等物质支持、活动陪伴、情感支持等；从提供主体人员上看，提供这些支持的更多是来自家庭成员、亲属、同事、邻里和朋友；从功能上来看，这一主体主要是提供老年人体育所需要的物质、资金及精神支持。鉴于以上分析，个人社会支持网也是老年人体育服务的重要组成部分之一。

7.4.2 多元主体的角色定位

7.4.2.1 政府的主导地位

主体定位指对于多元参与主体在治理系统中地位的确定。关于体育服务的主体定位目前学界有两种不同的定位倾向：强调网络化治理的主体定位与强调政府主导的主体定位[2]。网络化治理主体定位强调多元主体在参与公共事务管理的过程中各主体的平等地位，强调治理过程中以平等协商的方式来解决问题。这种主体定位更加关注政府与市场之外其他社会力量在社会管理中的平等地位与作用。政府主导定位认为，在公共事务管理的过程中仍然要强调政府的主导作用，认为从全球公共事务的管理实践来看，政府力量依然是有效治理的关键因素。协同治理是对"全能政府"管理模式的完善，对于重大社会事务的管理，多元主体的参与只能是

---

〔1〕 贺寨平.社会经济地位、社会支持网与农村老年人身心状况[J].中国社会科学,2002（3）：135-140.

〔2〕 徐嫣,宋世明.协同治理理论在中国的具体适用[J].天津社会科学,2016(2):74-78.

政府力量的合理补充。从目前中国社会的发展以及实地调研所了解的现实情况来看，笔者认为协同治理中强调政府的主导地位更加符合中国的实际。因此，在本书构建的老年人体育服务系统中，政府被定位为系统的主导地位，其他参与主体在政府的主导之下协同参与老年人体育服务的社会支持。

7.4.2.2　体育社团的主体地位

系统中的体育社会组织（体育社团）角色定位为满足老年人体育需求的社会支持主体地位。诚如第 5 部分所述我国体育社团目前面临培育发展不足和规范管理不够的双重问题，但从目前体育行政体制改革的实践来看，体育社团的实体化是目前包括以后体育行政体制改革的大方向。社团实体化的目的在于给社会组织"增权"，在于培育体育社团的力量，让体育社团来承接体育行政部门的体育服务职能。可以预见，体育社团将会是未来体育活动的基本组织载体。因此，本书把体育社团的角色定位为老年人体育服务的支持主体，并把这一主体的功能定位为：满足老年人群体的体育社会需求，承担政府职能难以有效覆盖的体育服务，为老年人提供多样化的体育赛事、个性化的体育活动。

7.4.2.3　其他组织与个人支持网的辅助与补充地位

其他社会组织从功效上来看，这些社会支持力量在我国老年人体育服务支持中发挥了一定的辅助作用；从功能上来看，这些组织主要提供了老年人体育服务所需要的专业技术的支持，是以上 4 种支持之外的有益补充。因此，本文将其他组织的角色定位为辅助性的专业技术支持组织。个人社会支持网和其他支持主体相比，个人社会支持网络更多来自亲情与友情这一小规模的社会交往网络，在政府与其他主体投入不足的情况下，来自这一主体的亲密关系的支持具有重要的作用，即使是在政府不断增加财政投入的前提下，其对个体的社会心理支持也是其他社会支持系统难以替代的[1]。因此，本文把个人社会支持网的角色定位为亲密关系支持网络。其他社会领域对于老年群体社会支持的研究认为，个体的社会支持网络只有融入到其他支持系统中才能更好地发挥有效应对人口老龄化的作用。同理，老年人体育服务的个人社会支持也要与其他支持途径结合起来，才能实现健康老龄化与积极老龄化的目标。

7.4.2.4　政府与其他主体的协作关系

治理主体之间关系的核心是政府与社会组织之间的关系，也是学界分析多元主体关系的焦点。纳吉姆指出，政府与社会组织之间存在合作、吸纳、互补、冲突4种关系[2]。从西方一些国家的发展来看，政府与社会组织之间的确经历了"先冲突、后协作"的过程[3]。根据我国目前的实际情况，政府在发挥主导作用的同时，也要与社会组织建立合作共赢的协同关系。当然，合作并不意味着社会组织是政府的"伙计"，是政府的执行机构或附属机构。本系统中所构建的政府与其他参与主体之间的协作关系包括拾遗补缺型。合作伙伴型、协同增效型3种形式。拾遗补缺型是指老年人体育服务中"政府失灵"的地方，而社会组织正好有充足的资源，在法律和政策许可的情况下提供老年人所需要的服务。

〔1〕 贺寨平. 社会经济地位、社会支持网与农村老年人身心状况[J]. 中国社会科学,2002(3)：135 - 140.

〔2〕 A. Najam. The Four-C's of Third Sector-Government Relations：Cooperation,Confrontation,Complementarity and coopotation[J]. Nonprofit Marnagement & Leadership ,2000 (4).

〔3〕 扶松茂. 开放与和谐：美国民间非营利组织与政府关系研究[M]. 上海：上海财经大学出版社,2010：100 - 127.

合作伙伴型是指社会组织与政府合作提供老年人所需要的体育服务，社会组织以买方的身份承接政府的公共服务职能。协同增效型是指社会组织发挥其基层与基础性的管理作用，帮助政府一起治理社会，如社区所提供的老年人体育服务。

7.4.3 多元主体的责任界定

治理主体边界的清晰，是发达国家协同治理实践的基本前提与基本事实，只有科学界定所构建的 4 类主体的职责与义务，才能保证各个主体在完成系统目标时，首先明确自己的基本职责各司其职，然后才能在系统整体框架之下，配合其他主体协同作战。因此，主体责任的界定是协同治理的重要内容。

7.4.3.1 政府责任

中国由计划经济向市场经济转轨带来了剧烈的社会转型，"总体性社会"逐渐被打破，国家与社会出现相对的分离[1]。按照发展市场经济的要求，政府需要重新调整职能，从微观经济与社会管理活动中退出[2]。但就目前而言，社会系统发育程度相对较低，提供公共服务的力量还比较薄弱，只能部分承接政府提供公共服务的职能。这决定了我国的社会管理在较长一段时间里仍将是一个政府主导型的发展模式，尤其是在公共服务的提供方面。具体来说，政府的职责在于政策、资金、监督 4 个方面：一是制定老年人体育政策与制度，从宏观上支持老年人体育的发展。如在体育法、国

---

〔1〕 汪流，王凯珍."国家在场"的中国老年体育：回顾与思考[J].武汉体育学院学报，2015，49(07):14.

〔2〕 叶林，樊玉瑶.中国体育管理体制：沿革、现状与未来[J].甘肃行政学院学报，2018(02):41.

家体育发展规划、全民健身计划、健康中国战略里明确规定老年人应该享有的体育权利以及政府应当承担的责任，从法律、制度和政策上为老年人体育的发展以及权利保障保驾护航。二是提供体育发展资金，用于体育公共服务。资金的提供，可以直接通过行政划拨，也可以通过发行体育彩票的形式筹集。三是利用经济杠杆调节分配，鼓励社会及企业参与老年人体育服务。如利用体育彩票基金发展体育事业，为老年人体育提供公共场地设施；对于承接政府体育产品生产与服务的企业给予一定的经济补贴或者是税收减免。四是利用行政手段监督下属部门落实好国家的各项体育政策与制度。

7.4.3.2 体育社团的责任

在本书构建老年人体育服务社会支持系统中，体育社会组织（体育社团）是系统的支持主体。体育社团的主体责任表现在：一是提供体育锻炼技术服务。如前所述，体育社团是老年人参与体育活动的重要载体，老年人加入社团的初衷在于学习和更好地掌握某项体育技能。因此，体育社团的主要责任在于提供老年人锻炼所需的技术服务。二是组织管理老年人体育活动。老年人加入社团的另外一个目的在于借助特定的组织，参加一些与学习技术相关的活动，找到技术展示的舞台。鉴于此，体育社团的另一个责任在于组织并管理好老年人体育活动，为社团成员提供学习与展示的平台。三是满足社团成员的心理归属感。老年人体育社团作为老年人退休以后参加的社会组织，还要成为老年人"心有所依，情有所托"的情感组织，以满足老年人融入群体的心理归属感。四是承担体育社会责任。体育社团的发展不仅要满足成员的个人学习与情感需求，还要满足老年人再度社会化的需求，适当承担一些社会责任，如作为参赛者参加社区公益性的体育赛事，丰富社区居民的生活；作为老年志愿者，服务社区组织的体育赛事或者体育活动，发挥余热；社团成员担任社会指导员，指导本社区或其他社区的初学者学习某个项目的技术等。

7.4.3.3　社区责任

随着经济和社会的发展，社区的功能越来越完善，社区是有效连接家庭与社会、家庭与政府的关键环节[1]。社区作为老年人日常体育活动的主要场所，在本书所构建的系统中起着"依托"的基础性作用。因此，大力发展社区老年人体育活动，组织和引导老年人积极参与体育锻炼成为社区的基本职责。首先，社区要为老年人提供必备的体育健身设施。社区在提供普适性的健身器材或体育活动场地的同时，有条件的社区应该增设专门针对老年人的体育健身场地设施。其次，开展普及程度较高的老年人体育活动，如广场舞、太极拳等，并以节假日老年人体育活动或竞赛的举办来带动老年人日常体育活动的开展。最后，要构建一种社区体育文化，激发潜在的老年人体育参与者转变为现实的体育参与者，培育良好的老年人体育文化娱乐氛围，使老年人生活内容更加丰富，做到身心健康。

7.4.3.4　个人社会支持网责任

个人社会支持网包括家庭、同事、朋友和邻里的支持，在老年人体育服务方面，朋友、同事和邻里主要是提供参与体育活动的信息、陪伴以及精神支持。家庭在这一网络中扮演着重要角色。由于中国人对家庭具有强烈的归属感，只要

---

〔1〕 郝涛,徐宏."互联网＋"时代背景下老年残疾人养老服务社会支持体系研究[J].山东社会科学,2016(04):158－165.

家庭中具有体育意识的成员，家庭中所有年龄段的成员都可以通过家庭体育的形式进入运动场。家庭体育对于家庭成员养成健康生活方式、预防疾病，减少家庭医药开支，促进家庭成员身心健康，密切家庭成员的关系具有重要作用。鉴于家庭的重要性和其所承载的教育功能、娱乐功能、消费功能和情感交流功能等与体育的关联[1]，家庭在老年人体育服务社会支持中将肩负起一定的责任与义务。家庭承担的主要责任包括以下内容：一是承担购买参加体育活动的装备方面的财务支持。家庭成员是否给参与体育活动的老年人购买适宜的体育健身器材、服装等，给予老年人参与各项体育活动所需的经费支持影响老年人的体育参与。二是承担陪伴的任务，家庭成员之间的支持与陪伴对于老年人参加体育活动有重要作用，尤其是老年夫妻双方的陪伴和精神支持。三是提供参加体育活动的时间。子女或者另一半是否分担看管孩子的责任和部分家务影响老年人体育参与程度。四是营造家庭体育氛围。好的家庭体育氛围，能培养老年人良好的体育意识，使老年人能关注自身健康，主动投身体育锻炼。

7.4.3.5 其他组织的责任

本系统中构建的其他组织是政府、体育社团和社区支持之外老年人体育服务的补充，在系统中主要发挥专业性技术支持的作用。这些组织不是系统的主要支持力量，只有融入到政府、体育社团和社区支持中去才能发挥最大效益。

1. 社会体育指导员

社会体育指导员在我国政府、体育社团、社区体育中发

---

〔1〕 郭琴. 家庭体育研究存在的问题与实践发展面临的困惑[J]. 广州体育学院学报,2016,36(01):23-26.

挥着提供专业技术支持的作用。但目前我国主要形成了公益社会体育指导员和职业社会体育指导员 2 支队伍与 2 类制度的并行状态[1]。在老年人体育服务社会支持体系中，不管哪种社会体育指导员都需要肩负起责任与义务。首先，要具备健身理论指导与咨询的能力（具备这种责任，也是对被指导者负责）。不管是公益性社会体育指导员还是职业社会体育指导员，都应该具备体育健身方面的专业知识，并运用所掌握的知识，根据老年人的健身需求，提供多元化的健身服务指导。其次，具备组织与控制能力。在指导老年人进行体育锻炼时所具备的专业技术能力与应对突发事故的能力。最后，健身效果评价与研究能力。能对老年人健身效果进行评价，掌握体育科学研究的基本方法，深化自身理论与实践水平，更好地为老年人体育服务。

2. 企业责任

根据老年人体育服务属性的界定以及准公共产品理论，老年人体育服务也需要市场来进行共同承担。随着政府逐渐淡出直接进行社会管理，市场提供体育服务的职能将发挥重要作用。具体来说，企业承担的老年人体育服务的责任包括以下几方面：一是承接政府的生产职能，为老年人体育服务提供装备、公共体育场馆、场地、设施。二是承接政府的体育服务职能，为老年人体育赛事提供有偿服务，满足老年人的体育需求。企业可以通过政府购买公共服务的形式承担赛事服务职责。尽管企业参与提供老年人体育产品与服务的过程中获得了一定的经济收入，但在客观上起到了支持老年人体育的效应。三是承担体育社会责任，为老年人体育提供力

---

〔1〕 于善旭. 论我国社会体育指导员制度的多元发展与创新[J]. 体育与科学，2014,35(05):97.

所能及的公益服务。企业的成长和发展离不开国家与社会的支持，因此企业在从社会挣得丰厚的经济收入的同时，应当承担一定的社会责任来回馈社会。从体育服务层面来说，企业的社会责任可以通过以下方式来实现：为老年人体育社团或体育赛事提供体育赞助，修建社区小型体育广场，免费为社区提供老年人体育设施和锻炼指导等。

3. 体育志愿者责任

自从现代奥运会创始人顾拜旦基于志愿精神创立了奥林匹克运动以来，志愿者服务已发展为大型体育赛事管理与服务体系的重要内容，在大型赛事中发挥了重要作用。近年来，随着我国体育事业的发展，我国举办国际性的大型赛事越来越多，在这些赛事中也招募和使用了大量的志愿者。志愿者为大赛提供翻译、宣传、接待、咨询、秩序维持、联络、竞赛训练、安全保卫等服务，这些服务为赛事提供强有力的支持。在老年人体育服务方面，志愿者的作用主要通过为老年人体育赛事提供服务体现出来，如担任竞赛的组织管理与裁判工作。志愿者的职责主要是提供高质量的技术性服务来支持老年人体育。除了老年人赛事，志愿者还可以通过参与体育公益活动的形式来助益老年人体育。

4. 医疗机构责任

目前，慢性病已经成为全球性的公共卫生问题。据《中国营养与慢性病状况报告（2015）》显示，当前我国慢性病患病率显著上升，慢性病成为中国居民死亡的主要原因。老年人是患慢性病的主要人群，庞大的老年慢性病患者给我国医疗卫生体系带来了巨大压力，昂贵的慢性病治疗费用给患者带来沉重的医疗负担。《"健康中国2030"规划纲要》提出，要加强体医融合和非医疗干预，推动形成体医结合的疾病管理与健康服务模式。因此，为了解决当前慢性病给老年人带来的身心危害，医院的首要职责是要为"医体结合"的大健康服务体系提供技术与服务。此外，为老年人体育锻炼进行科学指导，并开具运动处方，尤其要对慢性病患者进行长期跟踪与合理指导。最后，配合社区开展"医体结合"健康服务的宣传与咨询活动，使老年人认识到体育锻炼和医疗保健相结合治疗慢性病的作用。

5. 学校责任

学校是本书所构建的社会支持系统中的一个辅助力量。学校对于老年人体育的主要职责在于为所在社区老年人提供体育活动的场地。学校体育场地虽然主要是服务于学生的体育教学与体育活动，但鉴于其场地的公共特性，亦有服务社会的职责。因此，在不影响学校正常体育教学的时段如清晨、傍晚、寒暑假，可以考虑对社区老年人开放，以方便老年人就近参加体育活动。同时，社区高等学校也拥有为数可观的体育场地，在为社区提供锻炼场地的同时，还应充分利用高校的体育人力、物力与智力资源为老年人体育提供支持。在物力支持方面，体育学院的体质监测设备应发挥为社区老年人定期进行体质监测和锻炼效益监测的作用；在人力资源方面，高校的学生尤其是体育学院学生，应承担社区体育志愿者与体育社会指导员的职责；在智力支持方面，体育学院教师可为社区老年人举办科学健身知识讲座，普及科学健身的基本常识与技术；还可以根据体质监测的结果为老年人提供运动处方，指导老年人科学健身。

6. 媒体责任

媒体文化对人的心理特征、行为结构、态度倾向等方面都产生了明显影响，使得当代人的生活形式、内容乃至思维方式都随之发生了巨大变化。在老年人体育服务方面，媒体主要承担以下责任：一是为老年人传递体育知识与信息。媒体最强大的功能在于知识与信息的传播，老年人通过媒体的宣传了解体育项目、体育赛事、体育活动等体育知识与信息；同时，媒体可以通过体育节目，向老年人普及一些体育锻炼的技术。二是为老年人提供体育娱乐途径。体育既有健身功能，还兼具娱乐作用。体育赛事节目的转播，不仅可以让老年人了解体育知识，同时还在观看赛事的同时起到了放松身心的作用。三是营造老年人体育参与氛围。媒体通过对竞技体育与全民健身的广泛宣传，还可以在整个社会营造老年人参加体育锻炼的良好氛围。四是增强老年人体育参与意识，帮助老年人建立正确的体育价值观。媒体对于体育锻炼、科学健身知识的普及，有助于增强老年人的体育锻炼意识；对于老年人体育参与正面地、积极地报道与宣传，有助于帮助老年人建立正确的体育价值观。

7.5 多元主体支持系统的运行机制

萨缪·鲍尔斯认为，物品或服务的提供机制有 3 种，即社群机制、行政机制和市场机制。在本书所构建的我国老年人体育服务的社会支持系统中，同样存在以上 3 种不同支持机制。老年人体育服务社会支持系统的运行机制基于"优化行政机制、拓展市场机制、引入社群机制"的思路来构建。

7.5.1 优化行政机制

鉴于老年人体育服务的准公共产品的性质，政府理所当然的成为老年人体育服务的承担者，行政机制一度成为我国老年人体育服务的主要运行方式。然而政府的"有限理性"以及"全能政府"容易导致老年人体育服务方面的缺位与低效。在我国转变政府职能，建设高效"服务型政府"的背景下，优化政府在提供公共服务方面的行政机制将成为未来的趋势。当前行政机制的主要作用领域应在以下3个方面：首先，提供老年人体育活动基本的锻炼场地与设施，或者提供建造体育场地设施的资金，并以政府购买公共服务的方式组织企业参与生产与服务；其次，出台体育政策与制度保障老年人体育的发展，并对政策的实施进行监督与评估；最后，组织大型体育赛事及活动，为老年人体育提供赛事平台。

7.5.2 拓展市场机制

市场机制是指由市场根据老年人的体育需求来提供体育服务的社会支持机制。尽管老年人体育服务的准公共产品非排他性的特性，市场不具备提供支持的经济动力，尤其是在老年人体育活动所必备的要素如场地设施、技能培训、体育信息服务、体质监测、体育组织等要素方面不具备提供支持的动力，因此存在"市场失灵"。尽管在老年人体育服务领域存在必然的"市场失灵"，但不代表着市场机制在老年人体育服务方面没有任何发挥作用的空间。首先，老年人参加体育活动需要一些必需的体育用品，因此，体育用品市场能在市场机制的引导下为老年人提供合适的体育产品。其次，在政府管理逐渐淡出对社会的直接管理的大趋势下，市场还可以通过承接政府购买公共服务的方式介入老年人体育服务过程中来。这是市场机制在提供公共服务方面发挥了间接作用。具体到老年人体育服务来看，市场机制的间接作用的事务主要包括：通过承接政府购买的公共服务，参与公共体育场馆及场地的建设，参与大型公共体育场馆的经营与管理，提供社区体育基础设施，为老年人体育赛事提供有偿技术体育服务和体育商业赞助等。

7.5.3 引入社群机制

对于公共服务的治理，在集体行动的确需要的地方，除了政府干预之外，还可以引入社群治理（如协会治理）等多种办法。[1] 社群是基于社区发展而来，社区更加强调物理空间的划分，社群则更强调群体和个体之间的交互关系，强调情感互动与交流。社群内部有自发形成一致遵循的行为规范，社群成员互动频繁，通过持续的互动形成了具有一定向心力和凝聚力的群体。这种向心力和凝聚力有助于个人依靠"群生活"找到自身精神家园和价值归依。[2] 因此，社群的互动特性以及凝聚力有助于它在老年人体育服务的社会支持中发挥重要作用。本书构建的系统中体育社团即是社群机制运作的典型组织，这也是本书把老年人体育社团的角色定位为系统主体地位的原因之一。社群机制主要应用于以下两个方面：一是老年人体育社团事务的运作。老年人体育社团是老年人个体出于对某项体育活动的兴趣而自愿结成一个相互交流、学习的社群，社群运作机制即是社团成员共同决定社团活动的相关事宜。二是社区群众性文体活动的组织与管理。社群机制的运作表现为：社区在组织事关老年人体育的活动事宜时，需要征求社区老年人的意见，并为老年人体育

〔1〕 顾昕. 中国公共卫生的治理变革:国家-市场-社会的再平衡[J]. 广东社会科学,2014(6):180-191.

〔2〕 王洪波. 个人、社群与社会的双重互动——一种关系思维方法论的视角[J]. 2013(4):68-70.

活动提供可操作性的服务。这种情况下的管理与组织活动不适合采用行政机制的命令与要求来解决问题，需要引入社群机制，发挥社群机制民主决策与群策群力的作用。

7.5.4 运行机制的选择

治理是一个动态的过程，治理目标的实现不仅需要多元化的主体构成，还取决于协同治理的运行机制[1]。在本书所构建的系统中，体育社团、社区、志愿者、个人社会支持网是按照社群机制运行的组织，政府、学校、社区、医院等按照行政机制来运行的组织，企业是按照市场来运行的组织。其中，社区承接政府职能的部分按照行政机制来运行，社区自治事宜则宜采用社群机制，目前的情况是行政机制处于主导地位，社群机制作用空间不足。因此，在多元主体协同为老年人提供体育服务支持的时候，关键在于针对不同事项、领域的服务或管理的不同特性，设计出这3种治理机制的最优组合。事实上我国在诸多国家与社会事务的管理上都同时采用了这3种机制。如我国的《体育产业发展"十三五"规划》《"健康中国2030"规划纲要》等体育发展的大政方针中都同时配置了社群机制、行政机制和市场机制。又如在大型老年人体育赛事中，整个的组织管理需要以行政机制来运行，赛事服务以志愿者为主，则需以社群机制来运行，赛事相关设备与器材的采购、赛事商业赞助则要按照市场机制来运作。

---

〔1〕 徐嫣，宋世明. 协同治理理论在中国的具体适用[J]. 天津社会科学,2016(2):74 - 78.

7.6 本章小结

本部分的主要任务是构建我国老年人体育服务社会支持系统，首先确定了构建系统的基本理念，主要包括：基于健康老龄化和积极老龄化的目标，基于协同治理的理论基础，基于政府"掌舵"与社会"划桨"相结合，基于老年人体育服务的需求导向，基于以社区为依托发展老年人体育服务的思路。然后，构建了由宏观结构、微观结构、运行机制 3 部分构成的我国老年人体育服务社会支持系统。宏观结构上，这一协同支持系统的内容包括协同理念、协同规范、协同方式与协同主体；运行机制主要设计了行政机制、市场机制与社群机制三种机制；微观结构上构建了"政府—社会体育组织—社区—其他组织—个人社会支持网"五位一体的多元主体老年人体育服务社会支持系统微观结构。之后从多元主体的确定、多元主体的角色定位、多元主体的责任分析 3 个方面重点阐释了微观结构。在主体的确定上，基于各主体的资源优势和实地调研了解的实际情况，选择政府、体育社会组织、社区、个人社会支持网和其他组织 5 种多元主体；在多元主体的角色定位上，以政府为主导，以体育社团为主体，建立政府和多元社会组织的合作共赢的伙伴关系来定位系统中多元主体的角色关系；在主体责任上，分析了政府、体育社会组织、社区及其他组织主体的具体责任，确定各主体的责任边界；最后，在运行机制上，提出了"优化行政机制、拓展市场机制、引入社群机制"的思路。

8　我国老年人体育服务社会
支持系统的实现路径

　　理论的构建还需要具体的实现路径才能落地生根，第 7 部分对我国老年人体育服务社会支持基于"宏观结构、微观结构、运行机制"构建的系统，还需要结合前文所分析的我国老年人体育的现状与需求以及目前所面临的现实困境来设计具体的路径，另外也还需要借鉴前文所述的国外经验，参考目前国内在老年人体育服务方面改革与创新举措来提出实现的路径，才能保证所构建的系统切合实际情况并能起到解决当前存在的一些制约老年人体育发展的重大问题。做好老年人体育服务工作，需要不断完善各项体制机制，更需要政府、市场、社区、社团和个人支持网络 5 个方面的协同行动，才能有效破解当前老年人体育服务的现实困境。在第 7 部分的基础上，基于协同治理的基本理念，结合所构建的老年人体育服务社会支持的系统，以及其中对政府、体育社会组织、社区、个人社会支持网、其他组织这 5 种支持主体在系统中的职责的界定，提出多元主体协同支持老年人体育服务这一理论框架的具体实现路径。

8.1　明确政府自身职责，加大正式社会支持力度

　　政府作为各项政策的制定者和执行者，在社会事务的推

进上起着无法替代的作用。协同理论认为政府具有动员资源、组织保障的优势，但如果政府对社会事务过度干预或者完全不作为，将致使其他社会支持主体边缘化，从而引发各主体之间产生难以调和的问题[1]。因此，科学合理的系统是既要发挥政府在社会事务上的基本保障作用，又要避免出现"政府失灵"的现象。本书在第7部分提出在老年人体育服务社会支持系统中政府的角色定位是"主导"地位，但"主导"并非传统意义上的"包揽"，而是明确职责，做好引导协调其他主体参与老年人体育服务支持的工作。

8.1.1　强化制度协同供给，提高政策质量和可操作性

从政府层面来看，用政策和制度来把握和调控资源配置是老年人体育服务社会支持最主要的形式。现代化、科学化的公共政策系统是由信息、咨询、决断、执行和监控等子系统所构成的大系统，只有这些子系统密切配合、协同一致才能促使政策大系统得以顺利运行[2]。首先，针对实践中老年人体育服务的重点难点问题，要把加快发展老年人体育服务纳入国家体育发展规划，发挥政府的主导作用，切实为老年人体育服务提供良好的社会服务。借鉴美国的多部门联合制定政策且分工明确的做法，多部门共同制定"老年人体育发展规划"，并对规划纲要各项政策和措施进行细化。其次，政策制定要以全生命周期的视角进行老年人体育政策创新，推进老龄社会和谐发展，满足老年人口不断增加的体育需求

〔1〕　唐刚,彭英．多元主体参与公共体育服务治理的协同机制研究[J]．体育科学,2016,36(03):10－24.

〔2〕　陈振明．公共政策学:政策分析的理论、方法和技术[M]．北京:中国人民大学出版社,2004.

是老龄社会老年人体育政策的重要内容。再次，借鉴日本政府老年人体育配套政策的制定，完善政策配套措施。地方各级政府要从本区域经济社会发展状况和老年人群实际需求出发，结合贯彻落实规划，设计好老年人体育服务系统建设路线图、时间表、任务书，按计划、分步骤推进工作，制定完善相关配套政策，形成一个衔接配套、上下贯通的规划系统。

8.1.2　加强引导与协调，实行多主体跨领域协同支持

在老年人体育服务社会支持系统构建中，政府的"主导"作用还体现在政府有责任协调多元支持主体利益，引导各主体有序运行。政府在老年人体育服务中的协调工作主要包括3个方面：一是在政策制定阶段引导多元主体参与政策的制定。在政策制定之前政府应大力拓宽社会意见表达渠道，让社会各界通过各种途径向政策决策中心表达自己的利益诉求，建立以政府为主导、老年人体育社团、基层社区、家庭、其他社会主持主体参与的老年人体育政策制定的多元协商机制。二是在政策执行阶段做好多元实施主体协同落实政策的协调工作，形成政策执行与落实的合力。这方面可以参考美国经验，美国《国家计划：促进50岁以上成年人身体活动》由46个部门共同制定与推进，为了提高不同部门的参与意识和参与能力，国家计划对各部门的参与途径也做出了具体而详尽的方法指导。目前，为了解决国家层面的政策协同，我国已经建立了国务院全民健身部际联席会议机制，中国老年人体育协会也应该纳入其中，各地各级老年体协也要纳入各地全民健身联席会议机制中，并在联系会议的指导下协调一致，共同制定和推进老年人体育政策。三是宏

观上要推动体医结合，推动全民健身与全民健康的深度融合。美国提倡其以"运动"这一非医疗手段促进健康，发挥体育部门与医疗卫生部门间的协同作用。如在社区医院，倡导将运动处方作为老年人的一种健康诊疗手段，通过开设体育活动干预处方，让老年人通过运动来干预常见的慢性病。目前，我国的政策主要是鼓励人们去医院，而不是鼓励人们预防疾病，运动康复产生的费用都不在医保报销当中。虽然在我国一些地方已经试行医保卡可用于健身，但是这种现象在政策上的障碍还没有突破。因此，国家卫生健康委员会、国家体育总局以及其他部门要相互配合，打破各自的职责界限，实行制度创新，把主动积极预防疾病和开具运动处方产生的费用加入到医保报销当中，真正实现全民健身与全民健康的深度融合。

8.1.3　加强监管与评估，保障老年人体育政策的落实

为保障老年人体育服务社会支持系统中老年人体育权益与老年人体育目标的达成，需要在一系列体育法律与法规的框架下完善中央、省、市、县、街道纵向的法律法规和各级政府横向主体间老年人体育服务供给标准、主体权责、承接主体选择标准、质量评价体系等一系列规定社会支持主体的行为、标准、制度，形成监督、问责机制。以政府购买老年人体育服务的监管和评估为例：首先，以老年人体育需求为导向，建立政府购买老年人体育服务指导性目录。针对不同服务的需求特点，充分调研，广泛征求相关供应商、专家及广大老年人群体的意见，探索和建立政府购买老年人公共体育服务的范围。积极引入第三方评估机构，建立健全科学合理的老年人公共体育服务评估机制。其次，从社会支持的过

程来讲，支持前，政府通过引入第三方机构，对老年人公共体育服务是否需要、提供什么以及如何提供等问题进行评估，特别是对政府购买之前如何区别老年人公共体育服务需求与老年人体育服务需求进行评估；支持过程中，基于服务内容，政府通过引入第三方评估机构对服务方案的可行性等问题展开专业化评估[1]；结束后，以老年人群体的满意度为宗旨，通过引入第三方评估机构对承接主体承接服务的不同阶段进行评估，并提出相关意见。这种监管和评估方式既可以有效地提升政府效能，平衡各方利益主体的诉求，又可以满足老年人群体的利益需求。同时，为了更好地实现老年人体育政策预设的价值目标，政府还必须不断完善评估指标体系、细化评估内容，以保障老年人体育政策的落实。

8.2 培育社会组织参与能力，提升社会力量协同支持水平

本文所构建系统中的体育社会组织主要包括体育社团、社会体育指导员队伍、志愿者组织等。在协同治理中，社会组织参与公共服务的合法性来源于"政府失灵"和"市场失灵"。体育社会组织在老年人体育服务社会支持系统中，社会体育组织既是联结政府与老年人群体的纽带，又是老年人体育服务的核心主体，是老年人体育服务工作社会化的具体执行者。但如第5部分所述，目前我国承接老年人公共体育服务的社会力量发育尚不成熟，这在很大程度上影响了社会力量对老年人体育服务供给的质量与效果。因此，提升社会

---

〔1〕 冯火红．我国地方政府社会体育政策研究［M］．北京：北京体育大学出版社，2008．

体育组织的参与能力，是完善社会力量支持老年人体育服务的关键环节。

8.2.1　大力发展体育社团，提升其协同政府专业服务的能力

老年人体育社团，是开展老年人体育工作和指导老年人科学健身活动的重要依托和基本载体，是政府联系老年群众的桥梁和纽带，也是老年人体育社会化最重要和最关键的环节。按照国家社会组织改革与发展的总体要求，要加快推动体育社团的改革，提高体育社团承接全民健身服务的专业能力，尤其要积极发挥全国性体育社团的龙头示范作用。因此，在体育社团的建设上，要实行体育社团实体化，从中央到地方都要建立各级体育总会，其运作要相对独立，做成自我管理、自我服务的组织。各级老年人体育协会、农民体育协会、职工体育协会等社群协会及各单项体育协会要创新思路，切实发挥职能作用，提升专业服务能力。培育和发展老年人身边的体育健身组织，让广大老年人参加体育锻炼有归属感。在省、市、县、乡、村建立体育总会，做实老年人体育协会，发展老年人单项体育协会，老年人体育协会要成为各级体育总会的主要组织。老年人体育协会自身要选好主席，建好秘书处，设立和发展下属的单项运动协会，并延伸到基层。老年人体育社团的发展，具体要做好以下 4 个方面的工作：一是发挥好科学决策智囊作用，要围绕老年人关心的重点、热点问题开展调查研究，为政府部门科学决策提供重要参考。二是发挥好综合协调作用。要通过科学有效的工作机制，利用各方面资源，凝聚各方力量，推动形成党委领导、政府主导、社会参与、全民行动相结合的老年人体育工作新格局。三是发挥好老年人体育信息调查发布作用，要加

强老年人体育活动数据的调查收集和发掘应用。四是发挥好宣传引导作用，充分利用全民健身日、重阳节、敬老月、重大纪念活动等重要时点，开展好宣传，营造舆论声势，推动全社会重视、关注、支持老年人体育工作。

8.2.2 发挥老年人体育协会的作用，推动体育赛事与活动的开展

体育赛事和体育活动是老年人体育的具体载体。老年人体育社团作为本书所构建系统中的主体，承接政府体育事务的管理职能，推动体育赛事与活动的开展是其主要的工作。近年来老年人体育社团开展活动的实践也证明，在政府的适当引导下，老年人体育社团完全可以承担大型老年人体育赛事与体育活动，并以此来推动老年人体育项目的发展。以第三届全国老年人体育健身大会（简称"三健会"）为例，本届老年人体育赛事完全交由中国老年人体育协会来运作，项目设置和总规程的设计充分体现了赛事服务于老年健身群体，促进项目普及与推广，促进老年人广泛参与体育锻炼的目的。如在总规程的设计方面，协会以"重在参与、重在健康、重在快乐、重在交流、重在安全"为宗旨，扩展了参赛组团的范围，允许行业体协与国家机关联合组队；在项目的设置方面，协会广泛听取地方老体协对本届三健会项目设置的意见，调整加入了一些近年来各地开展比较多的项目。对健身操、持杖健走、柔力球等项目放宽了参赛年龄；个别项目增设小项为参赛老年人增加更多交流机会；以人为本调整了参加大会组委会人员资格审查办法，同时还调整了对违规者的处罚规则；在奖励措施上继续淡化锦标观念，实行优秀奖和优胜奖，严格评选道德风尚奖和最佳组织奖，激励老年

人展现良好的健身风范和体育精神。在全国性体育活动的推动方面，老年人体育协会同样可以有所作为。以全国老年人的健步走活动为例，中国老年人体育协会于 2015 年分别在山东、河南、浙江等地举办培训活动，累计培训人数 1300 余人，对各个项目的骨干人才进行了有针对性的培养，带动了这些项目在国内各地的普及和推广。中国老年人体育协会通过"11·11"全国健步走大联动活动的示范效应及伴随的各类体育健身活动，在全国形成健步走大联动的健身局面，掀起了全国各地健步走互动的全民健身热潮，让健步走迅速成为时尚。

8.2.3　完善体育志愿者制度，推进志愿服务专业化和常态化

如第 2 部分所述，我国的体育志愿者群体包括社会体育指导员和自由体育志愿者两个群体。截至"十二五"末，我国全民健身指导和志愿服务队伍壮大，公益社会体育指导员接近 200 万人，职业社会体育指导员和救助人员达到 11 万人[1]。但这些社会指导员及志愿者目前主要服务于大型体育赛事，在老年人体育服务方面，据调研访谈与考察了解还存在服务少、队伍不稳定、服务指导不确定、服务指导效果不佳等问题。事实上，我国目前体育志愿者数量可观，且还有很大的发展空间，因为只要掌握一门体育技术稍加服务培训即可为老年人体育提供指导。在国外，美国体育志愿者是老年人体育服务社会支持体系中重要的一环，美国的老年人体育志愿活动开展十分活跃和成功，早在 1994 年美国社区体

---

〔1〕　杨光宇．"健康中国"背景下的全民健身值得期待［N］．中国体育报，2016－10－25.

育志愿者就多达 2000 万[1]。在澳大利亚昆士兰科技大学有超过 1500 名本科生志愿者，他们包括护理、人类运动和体育专业的学生，这些学生经常作为志愿者参与老年人体育赛事，为体育赛事提供帮助[2]。我国的问题在于志愿者的管理上缺乏系统的规划，服务老年人群体的志愿意识还不够。培育老年人体育服务志愿者的措施如下：一是借鉴德国设立专门的老年人体育指导员队伍，因为老年人体育指导员队伍与其他群体不同，往往需要付出更多的精力，容易造成服务人员的流失。为稳定老年人体育服务队伍，可以在社区设定合理比例公益性岗位，有效保证服务人员的基本收入，提高其稳定性。二是以社区体育场馆和设施为基础，建立老年人体育志愿服务站，建设志愿者服务项目，以志愿者服务项目来推动老年人体育服务。以家政服务、文体活动、心理疏导、医疗保健等为主要服务内容，以特殊老年人为主要服务对象，有针对性地开展社区老年人体育志愿服务。三是在社区推行志愿者星级认定和嘉许制度，建立健全社区志愿者招募注册、培训管理、服务记录、服务评价、证明出具与志愿激励等制度，通过制度的完善鼓励高校体育专业毕业生、退役运动员、返乡农民工参与社区老年人体育服务，充分发挥离退休干部、老教师、老退伍军人等的特长。实行"爱心银行""时间银行"等志愿服务回馈制度[3]，推进社区志愿服

〔1〕 薛玉佩.美国体育志愿服务的激励机制及其启示[J].体育文化导刊，2012(11):16-19.

〔2〕 Lyn Clark, Avon Ebran, Alina Graham, et al. The Seniors' Games: An Innovative Australian Community Program[J]. Activities, Adaptation & Aging, 2003,27(3/4):53-63.

〔3〕 陈功,黄国桂.时间银行的本土化发展、实践与创新——兼论积极应对人口老龄化之新思路[J].北京大学学报(哲学社会科学版),2017(06):23-27.

务经常化和常态化。四是鼓励年轻的老年人参加志愿服务。60～70岁年轻的老年人大多数身体健康，在美国和日本等国家这一年龄段许多老年人还在职业岗位上上班。因此，在身体条件允许的情况下，完全可以投身老年志愿服务。同时，老年志愿者有时间和精力、有社会经验和责任感，也熟悉社区情况，在社区宣传、治安防范、环境治理、邻里互助等方面有很大优势。《"十三五"国家老龄事业发展和养老体系建设规划》也提出，推行志愿服务记录制度，鼓励老年人参加志愿服务，到2020年老年志愿者注册人数达到老年人口总数的12%。

8.3　拓展市场参与机制，丰富老年人体育市场供给

8.3.1　完善政府购买公共服务职能，培育市场支持力量

政府购买公共服务是政府由管理向服务转型过程中保障基本公共服务的重要手段，也是提升供给效率的重要方式。目前来看，我国政府购买老年人体育服务在整体上存在着范围偏窄和规模偏小等问题，整体效果不佳。因此在老年人体育服务社会支持系统的构建中要完善政府购买服务机制，推动支持方式多样化。一是调查了解老年人体育服务的精准需求，完善政府购买老年人体育服务指导性目录。针对不同服务的需求特点，充分调研，广泛征求相关供应商、专家及社会公众的意见，不断探索和扩大政府购买范围。二是根据体育服务的项目内容、财政资金、提供此类老年人体育服务的社会力量的活跃程度、老年人体育需求等多方面因素，采取

最为合适的购买方式，建立多元化的购买服务机制[1]。对于存在竞争性市场、外包性较高、可控性较强的老年人公共体育服务领域，如老年人健身器材等服务适合采取独立关系竞争性的公开招标方式；对于服务领域需要复杂技术或者特殊要求且潜在投标人数量较少的项目或者服务，可采用独立关系非竞争性的磋商等方式；对专业性有较高要求的特殊服务，如老年人体育竞赛服务可采用依赖关系非竞争性的单一来源购买较为稳妥。三是设立政府购买老年人体育服务专项资金，并不断多元化扩大资金投入。在财政预算方面，政府要以老年人体育服务定期需求评估为基础，设立专项资金。同时，拓展资金筹集机制，通过多种渠道、手段引导社会资本参与到政府购买老年人体育服务活动中来[2]，让其与财政资金共同成为老年人体育服务资金来源。

8.3.2　引导规范体育市场，满足老年人多种体育需求

政府既是公共资源的核心提供者，又是整合配置市场资源的最重要设计者和推动者，更是公共资源和市场资源之间最好的组织者和协调者。从老年人各层次需求的内容构成看，在必备要素向一维要素、魅力要素的扩展序列中，呈现出从基本体育设施服务的单一需求满足，向体育服务项目功能深化与内容丰富的发展性体育服务延伸的需求倾向。此类体育服务项目需求由于内容宽泛、个体需求差异大、政府直接供给作用较小，应该充分发挥社会资本、市场的力量。一

---

〔1〕　胡科，虞重干．政府购买体育服务的个案考察与思考——以长沙市政府购买游泳服务为个案[J]．武汉体育学院学报，2012，46(01)：43-51．

〔2〕　王莉丽．老龄化背景下我国城市公共体育服务供需现状分析[J]．哈尔滨体育学院学报，2016，34(04)：21-25．

方面，由专业的人提供专业的服务，可以有效提高老年人体育服务供给质量。另一方面，只有社会力量的多元属性才能满足老年人的多元需求，提高供给效率。在老年人社会支持体系中既要发挥市场力量的机制灵活、服务便利等特点，又要避免市场为获取利益而不生产具有纯公益性的老年人体育服务产品。因此政府要降低市场资本的准入门槛，为体育市场组织承办老年人体育服务营造良好的外部环境[1]；疏通社会力量参与老年人体育服务的输送渠道，如可以为体育市场组织提供优惠政策或免税政策[2]。同时企业也应该提高服务质量，培育自身品牌，还要与高校科研机构合作，生产更多适合老年人使用的体育服务产品，推动老年人体育服务市场化程度。其次，要加快体育产业与养老产业的全面合作，形成紧密联系的养老＋体育的产业链，全方位满足老年人的多种需求。最后，企业在产品定价方面要立足于我国未富先老的实际情况，既要有高档的体育健身器材，也要有平易近人的体育产品，以提高对老年人的吸引力，从而扩大产业规模。

8.4 发展社区老年人体育，提升社区体育服务能力

社区是老年人体育服务工作实际开展的重要依托。社区为老年人提供体育设施修建、体育信息传达、体育活动组织等体育服务内容，在老年人体育服务社会支持系统中具有重要作用。社群机制是当前民众参与社会管理的机制创新，是

---

〔1〕 李长远. 我国政府购买居家养老服务模式比较及优化策略[J]. 宁夏社会科学,2015(03):87-91.

〔2〕 李军鹏. 公共服务学[M]. 北京:国家行政学出版社,2007.

社区小型群体表达自身需求与利益，参与社会管理的有效方式。因此，在行政机制之外要根据当前社会发展变化，适当引入社群机制来丰富社区老年人体育服务支持形式。

8.4.1 推动管理重心下移社区，培育社区老年人体育服务能力

从美国、日本、澳大利亚等国老年人体育服务的实践经验来看，社区是老年人体育活动开展和健康促进的重要场域，是老年体育政策执行的主要推动主体。从老年人的健身需求看，更注重就近、便捷，相较于集中居住的养老服务机构，从所居住的社区中获得持续、稳定的服务更符合老年人心理和服务需求。因此，应从保障老年人"在社区进行体育参与"的目标出发，提高社区老年人体育服务能力。在具体措施上，首先要加强社区管理的内部治理，不断增加社区内部社会资本存量，提高社区主体参与老年人体育服务供给能力；其次，提升社区内部管理人员的奉献精神、志愿精神和体育专业能力，增强社区管理人员的体育服务能力；再次，逐步完善老年人体育组织孵化基地，培育社区老年人体育社团，政府通过向社区老年人体育社团购买体育服务的方式为老年人体育社团输血助力。此外，社区还要协同社区其他社会支持主体共同做好老年人体育服务。社区通过协同居委会以及工会、青联、妇联等群众团体，建立社区体育社团、文体中心、各类健身指导站、健身俱乐部等社区体育组织，行使对老年人体育的领导和管理职能；充分利用社区各种体育资源，协同社区医院，积极参与对老年人的健康指导、开具老年人运动处方，推广科学健身治疗慢性病等老年人体育服务；协同社区各种老年人体育组织，保证老年人体育活动的制度化、经常化、生活化，为老年人体育的发展提供多方位

的服务。

8.4.2　推进社区老年宜居环境建设，配建老年人身边的健身设施

老年宜居环境主要是指环境规划和建设应当符合老龄化发展要求，为老年人日常生活和参与社会创造安全、便利、舒适的环境。我国目前的城市规划和建筑设计由于缺乏对老龄化形势的前瞻性考虑，大部分公共设施和建筑设计都忽视老年人群的特殊需求，导致高龄或者身体状况不佳的老年人衣食住行等日常生活都面临许多实际的困难。为着力解决老年人的住和行问题，《老年人权益保障法》明确规定：要推进社区宜居环境建设，为老年人提供安全、便利和舒适的环境；并明确要求在制定城乡规划时，要根据老年人的特点，建设适合老年人的文化体育设施。体育场地设施作为老年人体育活动的最基本需求，对其的支持是至关重要的，这部分如果出了问题，会给老年人带来很多深层次的困难。因此，城市社区应配合国家推进老年宜居环境建设，建设老年人身边的体育健身设施。在社区公园、住宅小区房前屋后修建适合老年人锻炼的场地，配建相应设施，让老年人出门就有地方健身，高龄老年人下楼就有设施可以锻炼。甚至还可以在老年人家里配备方便老年人锻炼的设施。近年来，智能化产品大量涌现，给老年人的生活带来极大便利。如智能化健身装备、可穿戴健身监测设备、跳绳机等就很适合老年人。能够帮助老年人进行健康与锻炼管理，及时监测锻炼结果。

8.4.3　整合社区体育人力资源，提升老年人体育服务水平

拥有一支专业的服务队伍是基层老年人体育工作开展好坏的重要因素，对老年人养成科学健身习惯具有重要意义，

因此要加强为老年人服务队伍的专业化建设，加快老年人体育服务人才的培养，提升老年人体育活动组织和指导能力。实地调研的结果显示很多社区拥有丰富的体育人力资源。如社区体育社团有着各个运动项目的专业技术人才，社区医院有专业的保健医生，社区学校有专业的体育教师，社区体育院校还有专业的教师与学生。因此，整合社区体育人力资源来发展社区体育是一条切实可行的路径。在老年人体育服务人员的吸纳方面，可以采取引进来与送出去与体育院校相结合的模式。如通过从高等院校引入体育专业人士，以实习或者就业的方式充实社区老年人体育服务工作人员队伍。也可通过聘请高校的专家、学者在社区举办老年人科学健身讲座、制作并发放老年人科学健身简报以普及科学锻炼的相关知识。针对不同类型的老年人群体，提供不同层次的体育服务，实行分类管理。对于低龄老人，鼓励他们在体育活动之余积极参与社区体育管理，达到以体育参与来促进积极老龄化的目的；对于高龄老人和健康状况较差的老年人，要整合社区社会体育指导员与体育志愿者队伍保护和指导他们进行体育锻炼，对从事的锻炼项目、器材、时间都要有较为严格的把控，防止在体育锻炼过程中出现损伤。此外，还可以借鉴美国和德国的经验，借助高校和科研院所的力量加强老年人体育的基础理论问题研究，深刻把握老年人体育发展工作规律，为老年人体育服务提供保障。有计划地在体育院校和中等职业学校增设老年人体育服务相关专业和课程，培养精通老年医学、护理、营养、心理和体育康复保健等方面的专业人才。

8.4.4 建立医体结合支持体系，普及和推广社区老年人"运动处方"

"健康中国 2030"提出要体医结合，促进非医疗干预手段治疗慢性病的作用。因此，要对老年人健身形成科学指导，需要体育部门、医疗机构等相关单位形成合力，建立体医结合的服务支撑体系。体医结合科学合理地为老年人提供健身指导，美国的运动健康服务体系为我们提供了可以参考的经验。美国在国家健康计划中把推进体力活动作为健康促进的重要方式，强调医疗卫生服务体系与体育健身服务的"医体结合"，构建了运动健康指导服务平台、健康公民计划、国民体力计划相结合的运动健康服务体系，充分发挥了体育健身促进国民健康的价值[1]。我国目前已通过健康中国纲要提出并倡导医体结合的理念，接下来需要做的是如何协调体育、医疗卫生与健康管理部门的关系，把医体结合的理念落到实处。以社区为依托的老年人医体结合健身指导服务，可以从以下几个方面入手：首先，向老年人普及科学运动知识，宣传运动要坚持全面锻炼、循序渐进、持之以恒这3 个原则，强调老年人要把握好自身的情况、运动的目的、活动的环境、项目的选择、运动的强度5 项因素。其次，强调老年人运动的个性化的特点。不同的老年人在做不同的运动时，也可能有不同的易受伤处，这就需要根据不同年龄、不同性别、不同体质，提供有针对性的"运动处方"，为老年人量身定制运动种类、运动强度、持续时间等，使老年人享受到个性化、差异化运动服务。目前，在我国部分地方，

---

〔1〕 彭国强,舒盛芳.美国运动健康服务体系及其对健康中国的启示[J].体育与科学,2016,37(5):112－120.

作为一种体质监测、运动指导的有效手段，"运动处方"也逐渐被人们接受。一些具有资质的医生不仅会根据公众的身体情况提出锻炼指导建议，还会针对其所在社区健身器材的种类，帮助其选择健身项目、锻炼频次等，充分体现了定制化的特点。再次，加强医体结合人才的培养，推动"运动处方"进一步普及。继续加大运动医疗学科的建设，支持鼓励三级甲等医院设立运动医疗科，形成上下贯通的医疗服务网络，带动运动处方师、运动健身指导人员、康复治疗师等专业人才队伍的培养。最后，卫生、体育部门也要共同努力，协作培养能开"运动处方"的医生。这方面可以借鉴澳大利亚培养全科医生，支持和鼓励全科医生在社区中开设老年人康复医疗点，实现社区老年人康复医疗点与医院的服务对接，并注意社会体育指导员队伍和全科医生队伍的有机结合。在具体措施上，协同社会体育指导员、社区医生、体育志愿者组建社区老年健康工作团队，在社区广泛开展"老年人主动健康计划"，为老年人营造良好的体育参与支持环境，让每位老年人能够便捷地获取健康信息和高质量的体育服务。

8.5　支持老年人体育赛事，丰富老年人身边的体育活动

8.5.1　举办老年人体育赛事，提供展示与竞技平台

对于政府来说，举办老年人体育赛事不仅在全社会营造老年人体育锻炼氛围，也满足老年人的老有所为、老有所乐的体育需求。老年人在某项体育项目的技术水平达到一定的高度的时候，也会有展示自我竞技水平，通过体育竞赛来切

磋技艺、追求竞技体育成就感的心理需求。同时体育竞赛的适度压力也会让老年人投入更多的时间与精力去练习体育项目。因此，在保障安全的前提下政府多举办一些老年人体育赛事，不仅给有一定技术水平的老年人提供展示自我、追求卓越的平台，也能充分地让这些老年人享受竞技体育带来的激情与快乐。目前国家层面上有全国老年人体育健身大会，将来地方政府也要多举办老年人体育健身运动会。此外，各地老年人体育协会还可以在政府购买公共服务的支持下，举办单项老年人体育赛事，如门球赛、广场舞赛、柔力球赛等，通过赛事调动老年人参加体育健身活动的积极性。各乡镇老体协分会，在自娱自乐的基础上，也可以积极组织各种适合老年人竞技的对抗赛、邀请赛、友谊赛和农民运动会，把科学健身同参赛展示结合起来，丰富老年人的体育生活。鉴于体育赛事的公共产品的特性，举办综合性赛事的责任主要在于政府。但是政府可以通过购买公共服务的形式来组织赛事，如所有具体参赛项目的组织与管理，可以向老年人体育社团购买；整个赛事的组织也可以向经营性的体育产业公司购买。政府负责提供经费、场地、安全与赛事宏观策划。

8.5.2　组织老年人体育活动，丰富老年人的日常生活

体育有"赛的体育"和"玩的体育"，老年人体育更多是"玩的体育"，老年人在体育活动中追求更快乐、更高寿、更强健。体育活动也对老年化态度有一定的积极作用。体育活动蕴含着"老有所为，老有所用"的社会参与思想，可为老年人创造出一种工作之外融入社会的环境，通过体育活动中的角色补偿离职之前工作岗位上的社会角色，同时还可与其他老年人进行情感交流，帮助老年人快速适应离职以后的

211

新环境，继续为社会发挥余热、做出贡献。而且，体育活动能使老年人获取更好的生理身体状况、心理积极的情绪和自信心等，这些都有助于积极老化态度的形成。因此，为了让老年人老有所用，老有所为，要丰富老年人身边的体育健身活动。老年体育活动可以从普及健身项目出发来组织开展，健身活动要适合老年人特点，组织要科学，运动量要适当，要从老年人自己喜爱的项目入手，加以辅导、推广、普及，逐步增加一些新的运动项目。同时，主办方在组织开展活动时，应多考虑大部分老年人的承受能力，以休闲型、康力型为出发点，从广大老年人的生理、心理出发，减轻他们心理上过大的压力，避免老年人因体力不支，或在心理上压力过重而出现问题。此外，老年人体育活动要多样化。现在的老年人体育活动项目比较单一，主要还是广场舞、太极拳、健步走等，活动方式、内容都需要更丰富，多一些伴随老年人一辈子的活动，激发老年人的兴趣，比如像现在韩国推广的迷你高尔夫、迷你网球等。多样化的基本要求是积极组织，因人制宜，百花齐放，各具特色。同时，要基于"文化与体育结合，现代与传统结合，时尚与乡土结合，运动与休闲结合，智力与趣味结合"的原则精心组织开展各类老年人喜闻乐见的体育科学健身活动。

8.6　加强体育与健康信息服务，营造协同支持舆论氛围

8.6.1　加强媒体宣传力度，完善老年人体育信息传播机制

全球流动最快的信息不是电影或者时尚信息，而是健康类信息。各种媒体要加强老年人的体育宣传工作，让老年人

了解健身知识、国家政策和自身权利，提升老年人的健康素养，多渠道完善老年人体育服务信息传播交流机制。一是加大对老年人从事体育活动的宣传，利用电视、报纸杂志、社区宣传栏、知识丛书等媒介，阐释体育的功能和作用，让老年人对体育活动的好处有更深的理解，从而养成自觉参与体育活动的习惯。二是组织老年人养生、健身知识讲座，让老年人能够科学健身。三是在全社会大力弘扬老年人从事体育活动的先进典型事迹，开展评选如老年体育先进个人、先进小区等活动，推进老年人体育不断发展。四是弘扬老年人身边的体育健身文化。习近平总书记非常重视弘扬体育精神，多次发表重要讲话，强调要汇聚实现中国梦的强大正能量。我们要大力弘扬老年人身边的体育健身文化，老年人热爱生活，积极向上，不甘寂寞，着眼未来，教育后人，有很多感人故事，可以通过电影、电视剧、微视频等不同形式，反映家庭变迁，反映老年人体育健身的幸福生活。

8.6.2　建立社区老年人体育服务数据库，构建信息化管理平台

日新月异的互联网与大数据技术给当前的老年人体育信息服务也带来了新的技术支持。国家体育总局目前正在建设共享健身网，这一网络是老年人健康与健身信息交流平台，在老年人体质健康评估、健身服务、医疗服务等领域搭建的线上、线下老年人体育服务平台，旨在提升老年人体育服务的智能化水平，开启智慧健身新模式。在互联网大数据技术的支持下，社区也要整合相关体育服务资源，协同社区医院、高等学校等组织，利用其专业技术，建立社区老年人体育服务数据库，构建信息化管理平台。这一平台以社区为单位对老年人进行体质健康、体育活动的信息采集，并与医疗

记录相通，建立完善的老年人体质健康档案。在北京、上海、广州、武汉等大城市许多社区已经开启了这项工作，并取得了良好的效果。同时，信息化管理平台可以将单一社区点串联起来，形成老年人体育服务资源"面"，可以有效提升医疗资源和体育资源的配置优化程度[1]。信息化管理平台还可以成为老年人体育服务需求收集、老年人体育政策传播、科学健身知识获取的重要途径。

8.6.3　改进宣传方式，提升老年人体育传播效果

如第 5 部分所述，我国的老年人体育在宣传方式上还存在渠道单一、形式简单的问题，由此导致了老年人体育的宣传效果不甚理想的结果。在新的时代背景下，老年人体育宣传通过建设科学健身科普画廊、全民健身、健康中国、老年人体育发展规划等专题讲座等形式，做好全民健身的政策法规宣传；通过全民健身节、全国老年人体育健身运动会等重大活动，做好体育赛事与活动宣传；通过电视、手机、网络媒体推广健身简单实用的健身知识和方法，做好运动项目普及宣传；通过总结老年人体育社团、体育赛事、体育活动的经验，做好老年人体育服务典型宣传；通过现代化的媒体手段，建立老年人健身信息平台，做好老年人体育的网络宣传。通过各种宣传方式，引导动员老年人积极参与体育健身活动，在全社会形成支持老年人体育的浓厚氛围。同时，还要保证宣传质量与效果。不仅要传播权威、科学的健身与健康知识，还要用通俗易懂的语言来表达，提升老年人体育传播的效果。

---

〔1〕 李光亚,张鹏翥,孙景乐 . 大数据技术与应用:智慧城市大数据[M]. 上海:上海科学技术出版社,2015.

8.6.4 重塑老年人体育参与舆论语境，营造良好体育参与氛围

要面向社会广泛开展人口老龄化国情教育，大力倡导"积极老龄化""健康老龄化"理念，优化老年人体育参与环境。社会舆论对老年人健身引发的问题的关注，已经成为引发社会全体焦虑的锚点[1]。当前如何解决老年人广场舞噪声扰民的问题、如何改变社会大众对老年人体育的歧视与偏见、如何营造人人参与、大众支持的老年人体育文化氛围就成了当前时代老年人体育服务社会支持系统建设的重要议题。媒体作为大众舆论的风向标，要树立全面支持老年人体育参与的氛围。具体来说，一是媒体需要增加对老年人体育活动的关注，加大老年人体育参与的宣传力度，增加报道的数量，在全社会营造人人参与、大家支持的老年人体育氛围，为"老有所为""健康老龄化""积极老龄化"营造良好的氛围，提高老年人通过体育参与老有所学、老有所为的影响力和美誉度。二是广泛动员社会力量的积极参与和支持，充分运用广播、电视、报刊、网络等媒体的力量，广泛宣传老年人体育参与的重大意义，宣传老年人赛事与活动中涌现出的先进老年人物和支持老年人的先进事迹。三是提升报道质量，多做帮助老年人解决体育活动实际问题的深度报道。四是多做正面报道，负面内容注意客观地分析问题，减少社会对老年人体育的误解。如广场舞扰民问题，媒体应该从本质上分析老年人体育参与过程中出现扰民现象的真正原因，让民众了解老年人体育健身活动的真实动机，从而让大众对

---

〔1〕 邹沧萍,杜鹏. 老龄社会与和谐社会[M]. 北京:中国人口出版社,2012.

老年人体育从误解向接受、认同、关爱不断转变[1]。通过媒体的宣传教育，破除各种制约老年人体育参与的传统观念，消除年龄歧视，引导全社会认可老年人的价值，接纳老年人各种形式的体育参与行为，努力营造全社会积极看待、热情支持老年人体育参与的良好氛围。五是宣传内容要与时俱进，多做深度传播。面对老龄化社会带来的挑战，面对老年群体日益增长的健康与健身需求，面对健身与健康产业的巨大发展机遇，主流媒体必须科学分析、有效洞察，探索老年人喜闻乐见的全新表达方式和多元化呈现方式，为健康老龄化与积极老龄化贡献力量。

8.7　弘扬传统美德，重建个人社会支持网

老年人的个人社会支持网络可分为一级社会网络和二级社会网络。一级社会网络是指具有血缘关系的网络，包括老年人的配偶、子女等家庭成员；二级社会网络是指连接家庭与社区的具有地缘和业缘关系的邻里朋友、单位同事等元素或相关元素集合。

8.7.1　营造家庭体育氛围，引导老年人养成锻炼习惯

在中国传统社会关系中，家庭是老年人养老的重要场域，家庭养老既是一种责任又是中国"孝文化"的传承[2]。家庭在本书所构建的个人社会支持网中是最重要的支持力量，是个人社会支持网中的一级社会网络，家庭成员有责任和义务支持老年人开展体育健身活动。家庭成员支持老年人

---

〔1〕　贺麟.文化与人生［M］.上海：上海人民出版社,2011.
〔2〕　邹沧萍.社会老龄学［M］.北京：中国人民大学出版社,1999.

体育活动对内供给是一种责任，对外供给则是一种价值理念，是一种基于积极老龄化与传统公共道德孝文化有机结合的价值观[1]。在我国老年人体育服务正式社会支持系统尚未正式建立起来的现实背景下，更有必要继续加强传统家庭支持与扶助的作用。因此，作为子女有必要在父母还"年轻"的时候，营造良好的家庭体育氛围，引导"年轻"的老年人养成体育锻炼的习惯，通过物质帮助和精神鼓励让其积极参加锻炼强身健体，培养其通过体育参与积极老龄化。同时，在父母步入年迈阶段时，在日常照护时，陪伴和引导高龄老年人参与一些力所能及的体育活动，既有助于老年人健康的改善与提升，同时也满足老年人需要陪伴的精神慰藉。因此，在老年人体育服务家庭支持网络的构建上，有必要传承传统孝文化，强化家庭的物质帮助与精神照护功能。要在全社会弘扬积极老龄化理念，在各级单位广泛开展人口老龄化国情教育，向年轻人普及体育参与对老年人身心健康的重要性，以及帮助老年人进行适应性的身体活动的知识。同时，树立家庭支持老年人体育的典型，引导更多的家庭支持老年人的体育活动。

8.7.2　加强敬老爱老道德建设，构建邻里互助支持网络

增权理论认为对老年人的社会支持作为增权的一种介入方法，通过在社区建立老年人社会支持网络，可以有效满足老年人的工具性需要和表意性需要[2]。搭建邻里互助网络，让老年人聚在一起维护自身的医疗保健和体育休闲活动，形

---

〔1〕　舒刚民.审视与治理:我国老年公共体育服务供给的再认识[J].西安体育学院学报,2018,35(04):420-425.

〔2〕　费孝通.乡土中国生育制度[M].北京:北京大学出版社,1998.

成社群，共同分享他们需要的服务。组织邻里之间开展活动，不仅能够增进社区的人际往来，使老人不再孤立；而且能够帮助老年人相互之间进行沟通和交流，分享体育活动给他们带来的乐趣。然而如本书第 5 部分所述在个人社会支持网中，邻里、朋友等二级社会网络因为邻里的异质性导致了关系淡薄，支持作用不明显。因此，应加强思想道德建设，宣传新的老年观，提升二级社会支持网络敬老爱老意识。可以通过二级支持网络所在的社区、协会和艺术团体等，加强现有老龄化形势的普及以及传播，实现尊老敬老意识全覆盖[1]。首先，改变人们对老年人的错误认知，使居民不再将老年人放置在一种歧视的状态中，使尊老、爱老等思想观念深入人心，给予老年人以尊重和支持[2]。其次，积极主动参与到老年人的体育活动中去，不仅在体育锻炼时为老年人提供指导，而且在日常生活中还要体现邻里之间的互帮互助。再次，还应该充分发挥邻里、朋友等个人支持对老年人体育信息的支持作用，他们是老年人重要的信息来源，应当积极主动加强与老年人沟通交流，满足老年人体育信息服务需求。最后，积极鼓励老年人群之间的自主互助，组建老年互助队。

8.7.3 弘扬积极老龄化观念，引导老年人自助与互助发展

积极老龄化是当前国际社会大力倡导的应对人口老龄化的重要理念，这一理念认为老年人群体蕴含着巨大的价值，是一种尚未完全开发的人力资源。如前所述，在发达国家如日本与美国，这一理念已经转化为现实的生产力，这两个国

---

〔1〕 邬沧萍,姜向群. 老年学概论[M]. 北京:中国人民大学出版社,2006.
〔2〕 贺寨平. 社会网络与生存状态[M]. 北京:中国社会科学出版社,2004.

家许多 60 岁以上的老年人仍然活跃在各个工作岗位上。积极老龄化也是本书构建老年人体育服务社会支持系统的基本理念之一。我国政府也积极鼓励老年人参加社会生活并进行自我管理。2013 年国务院发布的《关于加快发展养老服务业的若干意见》就提出，"支持老年群众组织开展自我管理、自我服务和服务社会活动"。老年人之间自助与互助也是推动老年人体育事业发展的重要手段，因此，在政府与社会支持的基础上，老年人要积极开展自助互助志愿活动。尤其是体育社团或者其他组织中有体育专业背景的老年人，要鼓励他们继续为社区的老年体育事业服务，形成老年人自助与互助的良性循环[1]。老年人的互助志愿服务可以通过结对帮扶组成老年互助队，形成低龄老年人服务高龄老年人，健康老年人帮助失能老年人的自助与互助社会氛围，为积极应对人口老龄化做出新贡献。

8.8 本章小结

本部分主要是为第 7 部分所构建的老年人体育服务社会支持系统提出实现路径，主要基于政府协同、市场协同、社区协同、体育社会组织协同、赛事与活动协同、社会支持网协同 6 个方面提出具体实施路径。一是政府明确自身职责，加大正式社会支持力度。主要从以下 3 个方面来实现：强化制度协同供给，提高政策质量和可操作性；加强引导协调，实行多主体跨领域协同支持；加强监管与评估，保障老年人体育政策的落实。二是培育社会组织参与能力，提升社会力

---

〔1〕 张彩萍,高兴国. 弱势群体社会支持研究[M]. 兰州:兰州大学出版社, 2008.

量协同支持水平。大力发展体育社团，提升协同政府专业服务能力；发挥老年人体育体协作用，推动体育赛事与活动的开展；完善体育志愿者制度，推进志愿服务专业化与常态化。三是拓展市场协同机制，丰富老年人体育市场供给。完善政府购买公共服务职能，培育市场支持力量；引导规范体育市场，满足老年人的多种需求。四是发展社区老年人体育，提升社区体育服务能力。推动管理重心下移社区，培育社区老年人体育服务能力；推进社区宜居环境建设，配建老年人身边的健身设施；整合社区体育人力资源，提升老年人体育服务水平；建立医体结合的体育服务支持体系，普及和推广社区老年人"运动处方"。五是支持老年人体育赛事，丰富老年人身边的体育活动。举办老年人体育赛事，提供竞技与展示平台；组织老年人体育活动，丰富老年人体育生活。六是加强体育与健康信息服务，营造协同支持舆论氛围。加强媒体宣传力度，完善老年人体育信息传播机制；建立社区老年人体育服务数据库，构建信息化管理平台；改进宣传方式，提升老年人体育传播效果；重塑老年人体育参与舆论语境，营造良好体育参与氛围。七是弘扬传统美德，构建个人社会支持网。营造家庭体育氛围，引导老年人养成体育锻炼习惯；加强敬老爱老道德建设，构建邻里互助支持网络；弘扬积极老龄化观念，引导老年人自助与互助发展。

结 论

1. 改革开放以来，我国老年人体育政策的发展经历了肇始阶段（1978 年至 1991 年）、探索阶段（1992 年至 1998 年）、发展阶段（1999 年至 2010 年）和深化阶段（2011 年至今）4 个阶段，每个阶段表现出不同的特点；分析我国老年人体育政策演进的特征，主要表现在制定主体范围不断扩大、内容更加具体及社会支持主体日益多元化。

2. 基于魅力质量理论及 Kano 模型的分析，湖南省老年人体育服务的需求层次及其优先满足序列表现为：7 项必备要素是健身器材、空地、周边场地器材情况、健身路径、科学健身指导、体育活动信息和组织日常锻炼；4 项一维要素是田径场、运动技能培训、体质监测站点和草根体育组织；7 项魅力要素是体质监测点进社区服务、运动处方设计、趣味性体育活动、各类球场提供、组织参加体育活动和赛事、竞技性体育赛事及健康养生知识传授；5 项无关要素是官方体育组织、相关运动专业知识、体育规则、体育政策法规及体育旅游。

3. 我国老年人体育服务社会支持困境在于：支持主体层面，正式支持主体未能发挥应有的支持作用，非正式社会支持主体未能提供足够的情感支持；支持内容层面，体育设施不足，资源配置效率低下，信息资源缺位，宣传服务意识淡薄，体质监测推广力度不够，普及程度略低，健身指导人才培养不足，宏观设计与后续管理缺乏，体育活动偏重赛事，趣味性体育活动不多，社会体育组织力量薄弱，社区管理人员专业性不强；在支持形式层面，形式单一，重单向指导，轻双向互动。

4. 美国、德国、澳大利亚和日本等发达国家老年人体育服务的社会支持表现出一些共同特征：注重多元主体协同推进老年人体育服务系统建设；政府出台政策法规保障老年人体育服务系统建设；重视通过社区为老年人提供体育服务；体育指导员和志愿者发挥着重要作用；注重体育和医疗卫生部门的协作等。然而，由于各国的体育管理体制、经济发展水平、文化传统、老龄化程度以及治理老龄化的理念的不同，各国又表现出不同的特点。

5. 构建了由宏观结构、微观结构、运行机制3部分构成的我国老年人体育服务社会支持系统。宏观结构上，这一协同支持系统的内容包括协同理念、协同规范、协同方式与协同主体；运行机制主要设计了行政机制、市场机制与社群机制3种机制；微观结构上构建了"政府—社会体育组织—社区—其他组织—个人社会支持网"五位一体的多元主体老年人体育服务社会支持系统。

6. 我国老年人体育服务社会支持系统的实现路径主要包括：政府明确自身职责，加大正式社会支持力度；培育社会组织参与能力，提升社会力量协同支持水平；拓展市场协同机制，丰富老年人体育供给；发展社区老年人体育，提升社区体育服务能力；支持老年人体育赛事，丰富老年人身边的体育活动；加强体育与健康信息服务，营造协同支持舆论氛围；弘扬传统美德，构建个人社会支持网。

附录 1
老年人体育服务项目需求现状调查表

尊敬的老年朋友：

　　您好！我是湖南师范大学体育学院 2014 级博士研究生，正在进行关于老年人体育活动及项目服务需求的研究，感谢您填写该问卷，您的回答对我们的研究十分重要。该调查结果不会用于任何形式的个人评价，答案没有对错之分，请您对每一个问题都如实表达自己的意见。衷心地感谢您的支持与合作，祝您身体健康！

　　　　　　湖南师范大学体育学院 2014 级博士研究生：×××

　　　　　　　　　　　　　　　　　　　　指导老师：×××

　　说明：请您在每题的答案中选择一个打"✓"，遇到有"＿＿＿"的，请直接在横线上填写。

　　所在区域 ＿＿＿＿＿＿＿＿　　地区类型：①农村　②城市

第一部分　体育活动参与情况

　　1. 您参与体育活动的主要内容是，请在参与的下边划"✓"（可选 3 项）

项目	快步走	广场舞	慢跑	太极	羽毛球	网球	篮球	气排球	门球	毽球	
选择											
项目	健身气功	健身器	游泳	轮滑	乒乓球	登山	台球	棋牌	跳绳	其他	
选择											

2. 您参加体育锻炼的时间通常是：① 早晨　② 上午　③ 中午　④ 下午　⑤ 晚上

3. 您参加体育锻炼的持续时间通常是：

① 不足 30 分钟　② 30～59 分钟　③ 60～120 分钟　④ 120 分钟以上

4. 您每周参加体育锻炼的次数通常是：

① 1 次　② 2 次　③ 3 次　④ 4～7 次　⑤ 7 次以上　⑥ 不固定次数

5. 您在参加体育锻炼时，多数时间身体感觉比平时：

① 呼吸、心跳变化不大　② 呼吸、心跳加快，微微出汗　③ 呼吸急促，心跳明显加快，出汗较多

6. 您参加体育锻炼的场所通常是：

① 自家庭院或室内　② 住宅社区　③ 广场　④ 公园　⑤ 学校体育场（馆）　⑥ 全民健身活动中心　⑦ 健身会所　⑧ 其他_____

7. 您每年的体育花费大概是_____元，主要用于：

① 运动服装鞋帽　② 体育器材　③ 体育图书　④ 场地租金　⑤ 聘请教练　⑥ 比赛门票　⑦ 其他_____

8. 您认为参与体育锻炼一段时间后，身体状况是否有变化？

① 增强免疫力、疾病明显减少　② 有一定的提高　③ 没有变化　④ 没什么提高，反而经常受伤

第二部分　体育服务项目需求情况

1. 政府和社区有没有定期组织老人进行体质监测？

① 是　② 否，但知道该服务　③ 否，没听过该服务

2. 您是否需要定期进行体质监测？

① 需要　② 不需要

3. 您认为在哪里进行体质监测更适合？

① 社区　② 体质监测站

4. 目前已有的公共体育场地能否满足您的体育锻炼需要？

① 能　② 不能

5. 您认为公共体育场地存在哪些方面的问题？

① 质量不高　②数量缺乏　③ 便利性不够 ④ 收费情况

⑤ 没有问题

6. 您希望增加哪种类型的体育设施？

① 健身跑道　② 健身器材　③ 空地　④ 篮球场　⑤ 田径场　⑥其他_____

7. 您经常参加体育锻炼的场所离您家有多远？（以 步行计算）

① 5 分钟以内　② 6～10 分钟　③ 11～15 分钟　④ 16分钟以上

8. 您参与锻炼时有专业的教练员指导吗？

① 没有　② 有

9. 您在进行体育锻炼时，需要有专业的教练员吗？

① 需要　② 不需要

10. 您参加过老年人健康知识培训吗？

① 参加过　② 没有

11. 您希望社区经常举办健康知识讲座吗？

① 希望　② 不希望

12. 您希望学习哪些适合老年人参与的体育项目？

① 广场舞　② 篮球　③ 太极　④ 气排球　⑤ 门球　⑥其他_____

13. 您参加了体育类社团组织吗？

① 是　② 否

如选"否"，是什么原因？

① 没有合适的社团组织　② 自身主观不愿意参加　③ 其他_____

14. 您更希望参加哪种类型的体育类社团组织？

① 官方体育组织　② 自发性体育组织

15. 您对科学健身相关的知识有一定了解吗？

① 是　② 否

16. 您希望接受科学健身相关的培训吗？

① 希望　② 不希望

17. 您主要通过什么途径获得体育赛事、体育培训等相关信息？

① 电视媒体　② 网络媒体　③ 报纸杂志　④ 社区宣传栏　⑤ 印发传单　⑥ 体育组织　⑦ 其他_____

18. 您希望经常接受到哪些方面的体育信息？

① 体育赛事信息　② 体育技能培训　③ 健身知识讲座

19. 您所在社区、街道是否定期举办一些老年体育活动？

① 是　② 否　③ 不知道

20. 您希望您所在的社区、街道定期举办哪些方面的老年体育项目竞赛？

① 趣味性体育活动　② 竞技性体育比赛

第三部分　基本情况

1. 您的性别：

① 男　② 女

2. 您的年龄：

① 60~65 岁   ② 66~70 岁   ③ 71~75 岁   ④ 76~80 岁   ⑤ 80 岁以上

3. 您的文化程度：

① 小学   ② 中学   ③ 大学专科或本科   ④ 研究生

4. 您离退休前的职业：

① 农民   ② 工人   ③ 商人   ④ 教师   ⑤ 军人   ⑥ 医务人员   ⑦ 公务员   ⑧ 其他职业_____

5. 您目前每月的收入情况：

① 300 元以下   ② 301~500 元   ③ 501~700 元   ④ 701~1000 元   ⑤ 1001~1500 元   ⑥ 1501~2000 元   ⑦ 2001~3000 元   ⑧ 3001 元以上

6. 您的居住情况：

① 单独居住   ② 夫妻居住   ③ 与子女同住   ④ 与父母同住   ⑤ 养老公寓居住   ⑥其他_____

您认为老年人体育事业发展存在的主要问题是什么？有何建议？

主要问题：_____

_____

_____

建议：_____

_____

_____

_____

再次感谢您对我研究工作的支持！

附录 2
湖南省老年人体育协会访谈提纲

尊敬的领导：

您好！

我是湖南师范大学体育学院 2014 级博士研究生，非常感谢您接受我们的访谈。我国人口老龄化程度的日益加深，将对我国经济社会发展产生深远、持久的影响。为更好地发挥体育在增强老年人身心健康、应对老龄化进程中的积极作用，特制定此问卷以了解老年人体育协会的开展现状，以及您对我国老年人体育未来发展的看法，以帮助探索应对人口老龄化的有效途径。

湖南师范大学体育学院博士研究生：×××

指导老师：×××

1. 请您简单地介绍一下湖南省老年人体育协会的情况。

如：湖南省老年人体育协会成立时间？由谁牵头？受谁管理？历任领导情况？老年人体育协会的领导和管理人员的来源及其组织结构？湖南省老年人体育协会的性质？湖南省共有多少老年人体育协会？它们的成立时间、生存状况如何？

2. 近 5 年湖南省老年人体育协会组织开展了哪些活动？活动经费的来源、是否充足、如何管理？

3. 目前国家颁发的政策、法规中有哪些和老年人体育相关？湖南省关于老年人体育锻炼方面的政策法规有哪些？它们的贯彻落实情况如何？本地区的老年人能否从这些政策中获得实惠？这些政策还存在哪些问题？导致出现这些问题的原因有哪些？

4. 您认为目前老年人体育开展中还存在哪些问题？该如何解决？

5. 您认为在协会实体化、健康中国等大背景下，老年人体育协会在老年人体育事业发展中应扮演一种什么样的角色？

感谢您接受我们的访谈！

附录 3 老年人体育服务
社会支持相关问题的访谈提纲（专家）

尊敬的专家：

　　您好！

　　我是湖南师范大学体育学院 2014 级博士研究生，非常感谢您接受我们的访谈。我国人口老龄化程度的日益加深，将对我国经济社会发展产生深远、持久的影响。为更好地发挥体育在增强老年人身心健康、应对老龄化进程中的积极作用，特制定此问卷以了解老年人体育服务社会支持的现状与困境，以及您对我国老年人体育服务未来发展的看法，探索应对人口老龄化的有效途径。您的支持将对我的研究提供有益的帮助，使最终形成的结论更具科学性与合理性。

　　　　　　　　湖南师范大学体育学院博士研究生：×××

　　　　　　　　　　　　　　　　　指导老师：×××

　　1. 基于较为普遍的认识，以政府现行的公共体育服务供给为视角，将老年人体育服务的内容分为场地设施服务、健身指导服务、信息咨询服务、体育活动服务、体育组织服务、体质监测服务六大要素。您是否赞同？理由是什么？

　　2. 您认为我国老年人体育服务社会支持的主体应该包括哪些？

　　3. 您如何看待目前我国老年人体育服务的发展现状？

4. 您认为各社会支持主体在满足老年人体育服务需求过程中存在哪些问题，应该如何避免？

5. 您如何看待近期十分火热的老年人"广场舞"事件？

6. 您认为我们应该从哪些方面来构建老年人体育服务社会支持系统？

感谢您接受我们的访谈！

附录 4
读博期间的个人科研成果

1. 主持湖南省教育厅科学研究项目（重点）"供给侧结构性改革背景下湖南省老年人体育服务的供需困境与优化路径研究"（2016—2019）。

2. 主持湖南省教育厅教学改革项目"体育教育专业'双素养、双技能、双证书'培养体系的构建研究"（2018—2021）。

3. 主持湖南省教育科学"十三五"规划课题"健康中国背景下地方高校体育专业人才培养模式创新研究"（2019—2022）。

4. 发表论文：《改革开放以来我国老年人体育政策研究》，体育学刊，2018 年第 2 期（第一作者）。

5. 发表论文：《我国老年人体育参与研究的可视化分析》，中国学校体育，2017 年第 11 期（通讯作者）。

6. 发表论文：《基于魅力质量理论及 Kano 模型的老年人体育服务需求层次研究》，成都体育学院学报，2019 年第 2 期（第一作者）。

7. 发表论文：《发达国家老年人体育服务社会支持体系及对我国的启示》，体育科学，2019 年第 4 期（第一作者）。

8. 发表论文：《健康中国背景下株洲市老年人体育服务需求及其社会支持研究》，中国农村教育，2019 年第 2 期

（通讯作者）。

9. 发表论文：《我国大型体育赛事公共安全应急社会参与研究》，体育学刊，2018 年第 4 期（第二作者）。

10. 发表论文：《体育赛场观众行为失控的社会心理学分析》，湖南科技大学学报（社会科学版），2016 年第 3 期（第二作者）。

11. 发表论文：《足球比赛主场优势影响因素研究综述》，湖南工业大学学报（社会科学版），2014 年第 6 期（第一作者）。

参考文献

一、著作类

[1] 陆学艺. 社会学[M]. 北京:知识出版社,1991.

[2] 陈成文. 社会弱者论:体制转换时期社会弱者的生活状况与社会支持[M]. 北京:时事出版社,2000.

[3] 徐莉. 非政府组织社会支持体系的构建:以艾滋病防治领域为例[M]. 北京:中国社会科学出版社,2012.

[4] 国务院研究室科教文卫司. 国家体委政策法规司编体育经济政策研究[M]. 北京:人民体育出版社,1997.

[5] 冯火红. 我国地方政府社会体育政策研究[M]. 北京:北京体育大学出版社,2008.

[6] 福建省老年学学会. 积极老龄化研究[M]. 北京:华龄出版社,2007.

[7] 北京行政学院公共管理教研部,北京市领导科学学会. 服务型政府:公共管理评论[M]. 北京:中央编译出版社,2005.

[8] 张恺悌. 中国老龄事业五年回顾:马德里老龄行动计划五周年回顾[M]. 北京:中国社会出版社,2009.

[9] 苗大培."第三部门"与全民健身服务体系:国家与社会共建的理论研究[M]. 北京:北京体育大学出版社,2009.

[10] 杨为民. 社会政策导论[M]. 北京:中国人民大学出版社,2004.

[11] 朱勇. 中国智能养老产业发展报告[M]. 北京:社会科学文献出版社,2015.

[12] 仇军. 西方体育社会学:理论、视点、方法[M]. 北京:清华大学出版社,2010.

[13] 闫海军. 崖边报告:乡土中国的裂变记录[M]. 北京:北京大学出版社,2015.

[14] 党俊武. 老龄社会的革命:人类的风险和前景[M]. 北京:人民出版

社，2015.

[15] 张志杰．老年心理学[M]．重庆：西南师范大学出版社,2015.

[16]《中国老年人健康指南读本》编委会．中国老年人健康指南读本[M]．北京：华龄出版社,2015.

[17] 国家应对人口老龄化战略研究健康老龄化与老年健康支持体系研究课题组．健康老龄化与老年健康支持体系研究[M]．北京：华龄出版社,2014.

[18] 姜向群,杜鹏．中国人口老龄化和老龄事业发展报告[M]．北京：中国人民大学出版社,2015.

[19] 朱勇．智能养老[M]．北京：社会科学文献出版社,2014.

[20] 张国庆．公共政策分析[M]．上海：复旦大学出版社,2004.

[21] 国家体育总局政策法规司．群众体育战略研究[M]．北京：北京体育大学出版社,2005.

[22] 邬沧萍,姜向群．老年学概论[M]．北京：中国人民大学出版社,2006.

[23] 国家体育总局．改革开放30年的中国体育[M]．北京：人民体育出版社,2008.

[24] 姜向群．老年社会保障制度——历史与变革[M]．北京：中国人民大学出版社,2005.

[25] 贺寨平．社会网络与生存状态[M]．北京：中国社会科学出版社,2004.

[26] 郑晓燕．中国公共服务供给主体多元发展研究[M]．上海：上海人民出版社,2012.

[27] 费孝通．乡土中国[M]．北京：人民出版社,2015.

[28] 邬沧萍．社会老龄学[M]．北京：中国人民大学出版社,1999.

[29] 张彩萍,高兴国．弱势群体社会支持研究[M]．兰州：兰州大学出版社,2008.

[30] 刘国永,戴健,曹可强,等．中国群众体育发展报告(2018)[M]．北京：社会科学文献出版社,2014.

[31] 贺麟．文化与人生[M]．北京：商务印书馆,2015.

[32] 樊炳有,高军．体育公共服务——内涵、目标及运行机制[M]．北京：人民体育出版社,2010.

[33] 周林刚．社会支持与激发潜能[M]．北京：社会科学文献出版社,2009.

[34] 郁建兴．政治学导论[M]．杭州：浙江大学出版社,2003.

[35] 陈振明．公共服务导论[M]．北京：北京大学出版社,2011.

[36] 张恺悌,郭平．中国人口老龄化与老年人状况蓝皮书[M]．北京：中国社

会出版社,2010.

[37] 吴玉韶．中国老龄事业发展报告[M]．北京：社会科学文献出版社,2013.

[38] 邹沧萍,杜鹏．老龄社会与和谐社会[M]．北京：中国人口出版社,2012.

[39] 郑杭生．中国社会结构变化趋势研究[M]．北京：中国人民大学出版社,2004.

[40] 王沪宁．当代中国村落家族文化——对中国社会现代化的一项探索[M]．上海：上海人民出版社,1991.

[41] 边燕杰．市场转型与社会分层．美国社会学者分析中国[M]．上海：三联书店,2002.

[42] 袁方．社会研究方法教程[M]．北京：北京大学出版社,1997.

[43] 黄汉升．体育科研方法[M]．北京：高等教育出版社,2006.

[44] 水延凯,等．社会调查教程[M]．北京：中国人民大学出版社,2003.

[45] 世界卫生组织．积极老龄化政策框架[M]．北京：华龄出版社,2003.

[46] 敬乂嘉．合作治理：再造公共服务的逻辑[M]．天津：天津人民出版社,2009.

[47] 林闽钢．中国社会政策[M]．武汉：武汉大学出版社,2011.

[48] 陈振明．公共政策学：政策分析的理论、方法和技术[M]．北京：中国人民大学出版社,2004.

[49] 李军鹏．公共服务学[M]．北京：国家行政学院出版社,2007.

[50] 刘庆龙．中国城市社区[M]．郑州：河南人民出版社,2002.

[51] 李光亚,张鹏翥,孙景乐．智慧城市大数据[M]．上海：上海科学技术出版社,2015.

[52] 戴健．中国公共体育服务发展报告(2013)[M]．北京：社会科学文献出版社,2013.

二、期刊论文类

[1] 徐勤．我国老年人口的正式与非正式社会支持[J]．人口研究,1995(05):23.

[2] 李靖,陈耕春,王丽君．老年人参加体育锻炼的心理效应[J]．西安体育学院学报,1999(01):89-91.

[3] 张学纲,姚远,赵志明,等．对北京市城区部分中老年人参加健身活动情

况的调查[J].中国体育科技,1999(08):38-40.

[4]肖焕禹,潘永芝.中国长春市与日本仙台市老年体育现状调查研究[J].北京体育大学学报,1999(04):12-15.

[5]王智平,赵保钢,何建文.我国老、中、青年城乡居民参加体育活动现状的调查与分析[J].中国体育科技,2000(04):45-47.

[6]郭敏.把21世纪全民健身工作推向新阶段[J].体育文史,2001(01):4-7.

[7]王维群,沈勇伟,黄敏.不同运动项目对老年人心肺功能影响的比较研究[J].成都体育学院学报,2001(04):85-88.

[8]冯子安.全民健身运动发展中的几个问题[J].武汉体育学院学报,2001(04):15-16.

[9]曹士云.老年体育活动中猝死的调查研究[J].体育与科学,2001(04):47-49.

[10]景永魁.体育社团组织现状与思考[J].体育文化导刊,2001(06):14-16.

[11]叶鸣.中老年运动处方的特点及制定方法[J].西安体育学院学报,2002(01):57-59.

[12]张新华,程云峰.我国东北城乡老、中、青年妇女参加体育活动现状调查与分析[J].广州体育学院学报,2002(02):20-23.

[13]庞俊梅.论老年体育的社会意义[J].体育文化导刊,2002(03):57-58.

[14]王小燕,周蓉晖,刘芳,等.有氧健身运动对城市老年人体质的影响[J].中国体育科技,2002(06):30-32.

[15]孟明亮.世界人口老龄化与中国体育发展[J].中国体育科技,2003(01):30.

[16]周之华,侯曼,唐东辉.长跑锻炼对60岁以上老年人身体素质和运动能力的影响[J].中国体育科技,2003(06):32-33.

[17]林昭绒,吴飞.城区中老年人体育健身现状研究[J].武汉体育学院学报,2003(03):165-166,169.

[18]刘建平,刘岳江,侯广斌,等.门球成为老年人体育首选项目的社会学分析[J].武汉体育学院学报,2003(04):171-173.

[19]高灵芝.论老年弱势群体社会支持体系的构建[J].理论学刊,2003(04):123-124.

[20]欧阳柳青.对老年大学快乐健康课教学模式的探讨[J].武汉体育学院

学报,2003(05):87-89.

[21] 王玉昕,刘浪奇,许慧玲.广州市老年人的体育活动现状及对健身、健康知识需求的调查[J].广州体育学院学报,2003(05):48-49.

[22] 高灵芝.老年弱势群体社会支持体系的分析与思考[J].社会科学战线,2004(06):261-263.

[23] 吕兵.运动对西安市中老年健康影响的调查研究[J].西安体育学院学报,2004(06):41-43.

[24] 杨再惠,周兴伟.陈式太极拳功法对中老年人肺功能及免疫功能影响的研究[J].北京体育大学学报,2005(09):1212-1213,1223.

[25] 王松涛.SF-36量表在老年人运动健身效果评价中的应用[J].体育科学,2006(02):78-81.

[26] 行红芳.老年人的社会支持系统与需求满足[J].中州学刊,2006(03):1203.

[27] 张楠楠,吕晓标,倪伟,等.长期太极拳锻炼改善中老年人认知能力的作用[J].中国临床康复,2006(26):7-9.

[28] 马晓云,李静,张兰君,等.不同体育锻炼方式对中老年居民心理健康影响的研究[J].北京体育大学学报,2006(09):1198-1199,1230.

[29] 眭小琴,赵宝椿,李田,等.发展我国老年体育的意义与对策[J].北京体育大学学报,2006(11):1475-1476.

[30] 金再活,王淑霞,孙斌.21世纪中国老年人体育消费的现状调查及对策分析[J].北京体育大学学报,2006(12):1639-1641.

[31] 赵世杰,邹师.休闲体育特征及发展走向研究——以我国老龄化社会为背景[J].体育文化导刊,2007(09):6-8.

[32] 赵宁,刘卫.以骨密度、骨强度评估参与体育锻炼中老年女性的骨健康[J].中国组织工程研究与临床康复,2007(45):9104-9107.

[33] 汪文奇.我国老年人的体育需求及其社会支持系统的研究[J].北京体育大学学报,2007(11):1478-1480.

[34] 楼华.老年性骨质疏松及其运动疗法的干预[J].中国组织工程研究与临床康复,2007(52):10671-10674.

[35] 林友标,章舜娇,叶展红,等.运动处方干预对老年女性心理健康的影响研究[J].中国体育科技,2008(02):72-75,87.

[36] 侯玉鹭.广州市老年排球运动的推广策略研究[J].广州体育学院学报,2008(06):89-91.

[37] 张怀波. 老年人体育对构建和谐社会的影响[J]. 体育文化导刊,2008 (12):59－61,68.

[38] 许浩,邵慧秋,黄晖明,等. 有氧运动和力量训练对中老年人体适能的影响[J]. 体育与科学,2009(03):63－70.

[39] 杨慧馨,虞定海. 国内太极拳健身效果和机制研究进展[J]. 中国运动医学杂志,2009(06):717－719,716.

[40] 张胜衿,刘丽萍,李雷,等. 河北省60～69岁人群体质健康状况与体育锻炼的相关性[J]. 河北师范大学学报(自然科学版),2009(06):835－840.

[41] 刘新华. 我国群众体育由大到强的战略研究[J]. 中国体育科技,2010 (01):19－31,48.

[42] 李富刚,栗胜夫. 改革开放30年我国太极拳运动科学研究进展[J]. 中国体育科技,2010(02):126－133.

[43] 袁金宝,李阳. 太极拳对中老人健身效果的研究现状及展望[J]. 体育学刊,2010(03):99－103.

[44] 张君昌,许卫红. 2010年中国慢运动传播研究报告[J]. 现代传播(中国传媒大学学报),2010(11):37－42.

[45] 陈艳. 日本老龄人体质测定标准解读及其启示[J]. 体育文化导刊,2010 (11):53－55.

[46] 卢元镇. 老年人健身养生中的陷阱与误区——从张悟本、李一等事件引发的思考[J]. 体育学刊,2010(11):119－122.

[47] 李波,岗川晓,沈如玲. 老年人社会现状对健康观的影响与反思[J]. 体育科学,2011(06):42－49.

[48] 王雪芹. 太极拳的生理医学效应研究进展[J]. 中国体育科技,2011 (04):113－120.

[49] 刘晓宇. 湖北省城镇老年人健身活动参与特征研究[J]. 山东体育学院学报,2011(07):33－36.

[50] 王洁,喻聪,高红英,等. 体育运动对老年人幸福感的影响[J]. 中国老年学杂志,2011(23):4644－4645.

[51] 杨光,白翠瑾,黄学诚,等. 中日老年运动人群体质的差异性比较[J]. 上海体育学院学报,2012(01):56－58.

[52] 王军利,王雄,孙忠伟,等. 老龄化社会初期我国居民健康运动现状与促进研究[J]. 体育文化导刊,2012(02):18－21.

[53] 胡科,虞重干. 基层社区体育组织建设思考[J]. 体育文化导刊,2012

(03):36-39.

[54] 谷灿,王秀华,何国平.社区老年人运动水平和自测健康状况的相关性研究[J].中国现代医学杂志,2012(19):90-95.

[55] 刘永强,屠其雷.体育服务老年人的体系构建探讨[J].体育文化导刊,2012(09):20-23.

[56] 付松芳,刘翠鲜,沈志祥.体育舞蹈对老年男性骨密度的影响[J].中国老年学杂志,2013(03):569-570.

[57] 张大超,李敏.我国公共体育设施发展水平评价指标体系研究[J].体育科学,2013(04):3-23.

[58] 何阳,彭丽红.体育锻炼项目对城市空巢老人心理健康的影响[J].湖南科技大学学报(社会科学版),2013(04):177-179.

[59] 弋晶,葛菁.老龄化进程中的我国老年人体育[J].体育文化导刊,2013(07):28-31.

[60] 梁汉平.社会体育指导与管理专业老年类课程体系构建研究[J].山东体育科技,2013(04):25-28.

[61] 苗杰,陈春阳,包大鹏.规律性体育运动干预老年人轻度认知功能障碍的疗效[J].中国老年学杂志,2013(17):4322-4323.

[62] 王占坤.老龄化背景下浙江老年人体育公共服务需求与供给的实证研究[J].中国体育科技,2013(06):70-80.

[63] 杨来宝,蔡忠元,靳沪生,等.老年人运动锻炼对身心健康的作用[J].中国老年学杂志,2013(22):5688-5690.

[64] 陈长香,田苗苗,李淑杏,等.应对老年人健康问题的家庭、社区、社会支持体系[J].中国老年学杂志,2013(23):5963-5965.

[65] 刘玉.我国老年体育公共服务体系的解构与重塑[J].体育文化导刊,2014(02):5-8.

[66] 吴燕丹,李春晓,林立.民生视域下残疾人体育服务人才培养的现实困境与路径选择[J].体育科学,2014(03):47-53,87.

[67] 张东海.京津冀地区老年人自主参与羽毛球运动现状[J].中国老年学杂志,2014(06):1626-1627.

[68] 袁春梅.我国体育公共服务效率评价与影响因素实证研究[J].体育科学,2014(04):3-10.

[69] 李宇星,周德书.中国加拿大老年体育比较研究[J].体育文化导刊,2014(04):64-66.

[70] 姜向群,郑研辉.城市老年人的养老需求及其社会支持研究——基于辽宁省营口市的抽样调查[J].社会科学战线,2014(05):186-192.

[71] 郭修金,戴健.政府购买体育社会组织公共体育服务的实践、问题与措施——以上海市、广东省为例[J].上海体育学院学报,2014(03):7-12.

[72] 胡庆山,王健.农村体育公共服务供给的价值审思与现实困境[J].上海体育学院学报,2014(04):20-24,30.

[73] 杜晓兵,郑道凡.城市老年人闲暇体育行为的时空特征分析——以潮州市为例[J].广州体育学院学报,2014(04):16-19,35.

[74] 刘峰,唐炎.公共体育服务政策执行阻滞的表现、成因及治理[J].体育科学,2014(10):78-82.

[75] 刘天宇,李晖,等.韩国老年体育对我国老年体育发展的启示[J].沈阳体育学院学报,2014(05):33-38.

[76] 汪波.政府购买公共体育服务:国际经验与我国推进路径[J].上海体育学院学报,2014(06):25-30.

[77] 余智,唐炎,郭修金,等.县域群众性体育组织成长路径探析——永新县老年体育组织发展个案考察[J].武汉体育学院学报,2014,48(12):17-22.

[78] 何姿颖.对我国老龄人口相关体育政策的研究[J].山东体育学院学报,2014(06):34-38.

[79] 赵军辉,唐炎.全民健身的现实问题与发展建议——从广场舞纠纷谈起[J].体育学刊,2015(01):45-50.

[80] 董伦红,徐冰,沈纲.德国科隆体育学院体育和运动老年学硕士培养特点及其启示[J].体育学刊,2015(01):80-83.

[81] 陈金鳌,张林,冯伟,等.社会学视域下老年体育参与影响因素研究[J].南京体育学院学报(社会科学版),2015(01):57-63.

[82] 石峰.长期门球锻炼老年男性的健康体适能特征[J].中国老年学杂志,2015(04):1062-1064.

[83] 吴燕丹,王聪颖.资源配置视角下残疾人群众体育的现状、问题与对策[J].体育科学,2015(03):3-11.

[84] 杨成,寿在勇.老龄化社会背景下我国体育公共服务供给的缺位与补位——以广场舞为例[J].沈阳体育学院学报,2015(02):29-35.

[85] 施学莲,王爱丰,王正伦,等.公共服务视野下老年体育工作推进策略研究——基于江苏省13个省辖市和28个县(市、区)的实证调查[J].广州体育学院学报,2015(03):22-24,66.

[86] 郝晓宁,刘建春,薄涛,等.社会支持视角下老年人健康影响因素研究：基于北京市的实证研究[J].中国卫生经济,2015(06):56-59.

[87] 邓先强,肖琳,阚丽萍.老年抑郁症患者运动能力及影响因素[J].中国老年学杂志,2015(11):3107-3109.

[88] 刘洋.18周太极柔力球运动对老年人睡眠质量、心境状态及生活满意感的影响[J].南京体育学院学报(社会科学版),2015(03):116-121.

[89] 韦伟,王家宏.我国公共体育服务绩效评价体系构建及实证研究[J].体育科学,2015(07):35-47.

[90] 王学彬,郑家鲲.基本公共体育服务标准化建设：内容、困境与策略[J].体育科学,2015(09):11-23.

[91] 李建波,刘玉.中国老年公共体育服务模式研究[J].北京体育大学学报,2015(09):20-27.

[92] 刘会平,程传银.芬兰高龄者运动促进方案及其启示[J].体育文化导刊,2015(09):48-51,71.

[93] 屈红林.运动与心率变异[J].中国老年学杂志,2015(18):5362-5364.

[94] 毛志帮,张玲莉,赖小勇,等.静态拉伸与下肢肌力锻炼在老年平衡能力中的意义[J].中国组织工程研究,2015(42):6803-6807.

[95] 马宏斌.公办养老机构体育活动研究[J].体育文化导刊,2015(10):6-10.

[96] 戴健,张盛,唐炎,等.治理语境下公共体育服务制度创新的价值导向与路径选择[J].体育科学,2015(11):3-12,51.

[97] 刘利鸿,葛春林,孙平.我国气排球运动推广研究[J].体育文化导刊,2015(11):38-41.

[98] 李幸,周乐山.老年人心理健康与运动处方干预[J].中国老年学杂志,2015(23):6957-6959.

[99] 刘会平.德国老年人体育政策演进特征探析[J].体育文化导刊,2015(12):33-37.

[100] 董宏,孟良,王荣辉.体育锻炼对中老年人群骨密度影响的meta分析[J].北京体育大学学报,2016(03):58-65,87.

[101] 胡鞍钢,方旭东.全民健身国家战略：内涵与发展思路[J].体育科学,2016(03):3-9.

[102] 唐刚,彭英.多元主体参与公共体育服务治理的协同机制研究[J].体育科学,2016(03):10-24.

［103］杨剑锋．媒介、大妈与被审判的广场舞［J］．体育文化导刊,2016(03)：29－32,84.

［104］田福军,杜桂丹．乒乓球运动对老年人体质的影响［J］．中国老年学杂志,2016(06)：1420－1422.

［105］陈金鳌,林宁波,张林,等．江苏城市老年人运动行为自我调整影响因素的调查对比分析［J］．体育学刊,2016(02)：57－63.

［106］唐踔．构建以需求为导向的农村留守老人社会支持体系［J］．中国老年学杂志,2016(08)：2024－2027.

［107］郭未．健康老龄化:历史维度下的日本启示［J］．兰州学刊,2016(05)：148－155.

［108］刘瑾彦,陈佩杰,牛战斌,等．不同运动项目对老年人认知能力的影响［J］．上海体育学院学报,2016(03)：91－94.

［109］李晓通,王萍．城镇老年轻体育运动的开展与全民健身社会服务体系构建［J］．体育文化导刊,2016(05)：14－17.

［110］刘姝,李俊温．制约山西老年人体质水平关键问题的研究［J］．体育文化导刊,2016(05)：42－44,57.

［111］张春华,李安民．老年人肌肉爆发力流失与身体功能及运动干预［J］．武汉体育学院学报,2016(06)：65－69.

［112］高亮,王家宏．健身气功锻炼对不同健康程度老年人身体自尊改善效果的研究［J］．山东体育学院学报,2016(03)：63－67.

［113］彭国强,舒盛芳．美国国家健康战略的特征及其对健康中国的启示［J］．体育科学,2016(09)：10－19,27.

［114］费加明,刘志民,张焕志．江苏省老年体育工作调研报告［J］．中国老年学杂志,2016(18)：4647－4649.

［115］郑仲凡．广场舞在构建健康中国2030体系中的功效探究［J］．南京体育学院学报(社会科学版),2017(01)：48－52.

［116］张玲莉,柯丹丹,吴伟,等．太极拳对人体健康体适能的影响［J］．中国老年学杂志,2017(09)：2309－2312.

［117］湛冰．从《白宫老龄会议报告》管窥美国老年体育政策的演进特点［J］．体育与科学,2017(03)：38－44,57.

［118］湛冰．美国社区老年体育推进方式及特点研究［J］．体育文化导刊,2017(09)：63－67.

［119］韩松,王莉．我国体育产业与养老产业融合态势测度与评价［J］．体育

科学,2017(11):3-10.

[120] 张高华,张彦龙. 城市老年人公共体育服务多中心供给研究[J]. 体育文化导刊,2018(01):27-30,41.

[121] 谭玉霞,崔冬雪,高峰,等. 河北省部分城市老年人体育锻炼与生活幸福指数的相关性[J]. 中国老年学杂志,2018(03):737-739.

[122] 陈思远,刘会平. 日本老年人体育政策推进策略及启示[J]. 体育文化导刊,2018(02):63-67,114.

[123] 范成文,刘晴. 改革开放以来我国老年人体育政策研究[J]. 体育学刊,2018(02):27-33.

[124] 王毅,王晨. 我国城市老年人群健康活动行为影响因素研究[J]. 中国卫生事业管理,2018(05):388-390.

[125] 陈丽妹. 基于"健康中国2030"视角下的福建省城市社区老年人体育活动现状[J]. 广州体育学院学报,2018(03):71-74.

[126] 张莹. 中国老龄人口社会体育服务体系构建探索[J]. 广州体育学院学报,2018(04):19-22.

三、学位论文类

[1] 陈德旭. 社会治理视域下我国农村公共体育服务体系建设与运行研究[D]. 上海:上海体育学院,2017.

[2] 王占坤. 浙江省公共体育服务体系建设研究[D]. 福州:福建师范大学,2015.

[3] 胡精超. 我国老年人家庭运动健康服务运营模式研究[D]. 石家庄:河北师范大学,2015.

[4] 戴志鹏. 居家养老服务视角下的老年人体育运行机制研究[D]. 苏州:苏州大学,2015.

[5] 胡科. 社会精英、民间组织、政府之于群众体育运行研究[D]. 上海:上海体育学院,2012.

[6] 王淑康. 城市社区老年人规律体育活动行为的社会生态学探索及健康干预策略研究[D]. 济南:山东大学,2012.

[7] 李文川. 上海市老年人体育生活方式研究[D]. 上海:上海体育学院,2011.

[8] 赵德勋. 改革开放以来中国老年人体育政策研究[D]. 北京:北京体育大

学,2010.

[9]莫再美. 广西城市老年人休闲体育行为研究[D]. 上海:上海体育学院,2009.

[10]王凯珍. 社会转型与中国城市社区体育发展[D]. 北京:北京体育大学,2004.

[11]郑敏. 金华城市老年人体育锻炼行为特征研究[D]. 苏州:苏州大学,2007.

[12]许晓峰. 山东老年体育需求与体育发展战略研究[D]. 济南:山东体育学院,2011.

[13]孟娣娟. 城市中老年人居住偏好及居家养老服务需求分析[D]. 南京:南京中医药大学,2017.

[14]聂静虹. 公共政策制定中的大众媒体功效研究[D]. 武汉:武汉大学,2009.

[15]李松涛. 家庭教育的社会支持研究[D]. 大连:辽宁师范大学,2014.

[16]祝平燕. 社会转型期妇女参政的社会支持系统研究[D]. 武汉:华中师范大学,2006.

[17]王莉丽. 老龄化背景下我国城市公共体育服务供给的反思与优化[D]. 武汉:武汉体育学院,2015.

四、外文文献

[1]Usher, Wayne T. Australian health professionals'health website recommendation trends. Health Promotion Journal of Australia,2011,22(2):134－141

[2]Amy A. Eyler,Ross C. Brownson,Rebecca J. Donatelle,et al. Physical activity social support and middle-and older-aged inority women:results from a US survey[J]. Social Science&Medicine. 1999(49):781－789.

[3]Aleksandra Gotdys. Sport sector as a part of public policy for elderly people in selected EU countries[J]. Epidemiology Biostatistics and Public Health,2017,14(2):1-5.

[4]Australian Government Department of Health and Aging. Aging and Agedcarein Australia[BLOG]. http://www. health. gov. au/internet/main/publish-ing. nsf/Content/aging-whatnew. ht.

[5]Australian Bureau of Statistics. Patient experiences in Australia:summa-

245

ry offindings,2010 - 11[R]. Canberra:Aus Bureau Statistics 2012.

[6] Atkins CJ,Kaplan RM,Timms RM,et al. Behavioral exercise programs in the management of chronic obstructive pulmonary disease[J]. J Consult Clin Psychol,1984(52):591 - 603.

[7] Bandura,A. The explanatory and predictive scope of self-efficacy theory [J]. Journal of Socal and Clinical Psychology,1986(4):359 - 373.

[8] Bandura,A. Activity levels,fitness status,exercise knowledge,and exercise beliefs among healthy,older African American and White women[J]. Journal of Aging and Health,1997(6):296 - 313.

[9] Barbara Resnick,Denise Orwig,Jay Magziner,et al. The Effect of Social Support on Exercise Behavior in Older Adults[J]. Clinical Nursing Research, 2002,11(1):52 - 70.

[10] Brawley LR,Rejeski WJ,Lutes L. A group-mediated cognitive behavioral intervention for increasing adherence to physical activity in older adults[J]. J Appl Biobehav Res,2000(5):47 - 65.

[11] Garcia,A. W. ,Kin,A. C. . Predicting long-term adherence to aerobic exercise:a comparison of two models[J]. Journal of Sport and Exercise Psychology, 1991(13):394 - 410.

[12] Carstensen,L. L. . Social and emotional patterns in adulthood:support for socioemotional selectivity theory,Psychology and Aging[J],1992(3)331 - 338.

[13] Clark,D. . Age,socioeconomic status,and exercise self-efficacy[J]. Gerontologist 1996, 36:157 - 164.

[14] Chen H,Sun H,Dai J. Peer support and adolescents'physical activity: the mediating roles of self-efficacy and enjoyment[J] .Journal of Pediatric Psychology,2017,42(5):569 - 577.

[15] Chogahara,M. A multidimensional scale for assessing positive and negative social influences on physical activity in older adults[J]. Journal of Gerontology,1999(54B):S356 - S367.

[16] Chen Z,Song Y,Yu J,et al. Differential development strategies of aged care support and continuity services in China,Japan and Australia[J]. J Clin Gerontol Geriatrics,2014,5(2):36 - 41.

[17] Conn,V. S. . Older adults and exercise:path analysis of self-efficacy related constructs[J],Nursing Research,1998(47):180 - 189.

246

[18] Friedman RH, Stollerman JE, Mahoney DM, et al. The virtual visit: using telecommunications technology to take care of patients[J]. J Am Informatics Assoc, 1997(4): 413 - 425.

[19] Iwasaki, Y, Havitz, M. E.. A path analytic model of the relationships between involvement, psychological commitment, and loyalty[J]. Journal of Leisure Research, 1998, 30: 256 - 280.

[20] Gilette, P. Self-reported factors influencing exercise adherence in overweight women[J]. Nursing Research, 1988(37): 25 - 29.

[21] King AC, Jeffery RW, Fridinger F, et al. Environmental and policy approaches to cardiovascular disease prevention through physical activity: issues and opportunities[J]. Health Educ Q, 1995, 22: 499 - 511.

[22] King AC, Pruitt LA, Phillips WT, et al. Comparative effects of two physical activity programs on measured and perceived physical functioning and other health-related quality of life outcomes in older adults[J]. J Gerontol Med Sci, 2000(55): M74 - M83.

[23] King AC, Rejeski WJ, Buchner DM. Physical activity interventions targeting older adults: a critical review and recommendations[J]. Am J Prev Med, 1998(15): 316 - 333.

[24] King AC, Haskell WL, Young DR, et al. Long-term effects of varying intensities and formats of physical activity on participation rates, fitness, and lipoproteins in men and women aged 50 to 65 years[J]. Circulation, 1995(91): 2596 - 2604.

[25] Kwan P, Ali A, Deuris P. Psychiatric morbidity, quality of life, and perceived social support among elderly population: a community-based study[J]. Dysphrenia, 2016, 7(1): 31.

[26] Kahn EB, Ramsey LT, Brownson RC, et al. The effectiveness of interventions to increase physical activity, Asystematic review[J]. Am J PrevMed, 2002(4): 73 - 107.

[27] KAM D, YINC. Introduction to Aged Care in Australia[J]. Chinese General Practice, 2003, 6(5): 122.

[28] Lawrence, A. R., Schigelone, A. R. S.. Reciprocity beyond dyadic relationships: aging-related communal coping[J]. Research on Aging, 2002(2): 684 - 704.

[29] Liang, J., Krause, N. M., Bennett, J. M.. Social exchange and wellbe-

ing: is giving better than receiving [J]. Psychology and Aging, 2001 (16): 511 - 523.

[30] Lyn Clark, Avon Ebran, Alina Graham, et al. The Seniors' Games: An Innovative Australian Community Program [J]. Activities, Adaptation&Aging, 2003, 27(3/4):53 - 63.

[31] McAuley, E. Self-efficacy and the maintenance of exercise participation in older adults[J]. Journal of Behavioral Medicine, 1993(16):103 - 113.

[32] McAuley, E. The role of efficacy cognitions in the prediction of exercise behavior in middle aged adults [J]. Journal of Behavioral Medicine, 1992, 15: 65 - 88.

[33] MILTON K, SMITH B, BULL F. Action area 3: Health Care. In: Blueprint for An Active Australia[J]. National Heart Foundation, 2014, 8:26 - 31.

[34] NATA: HealthCareAdmin/Reha [EB/OL]. https://www. nata. org/ professional-interests/emerging-settings/health-care-adminrehab.

[35] National Blueprint Office. Strategic priorities for increasing physical activity among adults age 50 and older[M]. Illinois: Human Kinetics, Inc, 2002: 5 - 13.

[36] National Heart Foundation of Australia. Blueprint for an Active Australia. Key Government and Community Actions Required to Increase Population Levels of Physical Activity in Australia-2010 to 2013 [Internet]. Canberra (AUST): Heart Foundation; 2009 http://www. heart found-ation. org. au/Site Collection Documents/Blueprint-for-an-active-Australia. pdf.

[37] Potts, M. K.. Social support and depression among older adults living a-lone: the importance of friends within and outside of a retirement community[J], Social Work, 1997(42):348 - 362.

[38] Robinson, J. D. , Turner, J.. Impersonal, interpersonal, and hyperpersonal social support: cancer and older adults[J]. Health Communication, 2003, 15: 227 - 234.

[39] Rhodes, R. E. , Martin, A. D. , Taunton, J. E. , et al. Factors associated with exercise adherence among older adults: an individual perspective[J]. Sports Medicine, 1999(28):397 - 411.

[40] Shen B, Centeio E, Garn A, et al. Parental social support, perceived competence and enjoyment in school physical activity[J]. Journal of Sport and Health

Science,2016,10:1-7.

［41］Strategic priorities for increasing physical activity among adults age 50 and older:the national blueprint consensus conference summary report［EB/OL］.［2016-05-18］. http://jssm. org/casejssm-02-169. xml. xml.

［42］Shilton T,Bauman A,Leavy J,et al. Action Area 12:Mass-media Strategy［A］. In:Blueprint for An Active Australia［M］. 2nd edn. Melbourne:National Heart Foundation Aus,2014:78-81.

［43］US Dept of Health and Human Services. Healthy People 2010: Conference edition［R］. Washington:U. S. Dept of Health and Human Services. 2000:11.

［44］Volunteering and civic Engagement in the United States ［EB/OL］. http://www. volunteering in a merica. gov/national ♯ sthash. my6flfsm. dpuf, 2015-06-21.

［45］VonDras,D. D. ,Madey,S. F.. The attainment of important health goals throughout adulthood:an integration of the theory of planned behavior and aspects of social support［J］. International Journal of Aging and Human Development,2004(59):205-234.

［46］Wilcox S,Storandt M. Relations among age,exercise,and psychological variables in a community sample of women［J］. Health Psychol. 1996,15:110-113.

［47］Wilmot E G,Edwardson C L,Achana F A,et al. Sed-entary time in adults and the association with diabetes,cardiovas-cular disease and death:systematic review and meta-analysis［J］. Diabetologia,2013,55(4):2895-2905.

［48］Warburton VE. Peer and teacher influences on the motivational climate in physical education:a longitudinal perspective on achievement goal adoption［J］. Contemporary Educational Psychology,2017,51:303-314.

［49］Young DR,King AC. Exercise adherence:determinants of physical activity and applications of health behavior change theories［J］. Med Exerc Nutr Health,1995(4):335-348.

［50］厚生劳动省. 厚生劳动白书(2012年版). 厚生劳动省［R］. 2012.

五、其他文献

［1］中共中央办公厅,等. 关于加快构建现代公共文化服务体系的意见［R］. 北京:人民出版社,2015.

［2］国务院办公厅，等．关于加快发展生活性服务业促进消费结构升级的指导意见［R］．北京：人民出版社，2014.

［3］国务院．关于加快发展体育产业促进体育消费的若干意见［R］．北京：人民出版社，2014.

［4］国务院．全民健身条例［R］．北京：人民出版社，2009.

［5］国家发改委，等．促进消费带动转型升级的行动方案［EB/OL］．2016. http://www. hunan. gov. cn/2015xxgk/szfzcbm/tjbm/zwdt/201604/t20160427_3049376. html.

［6］国家发改委．关于加快推进健康与养老服务工程建设的通知［EB/OL］．2014. http://www. sdpc. gov. cn/gzdt/201410/t20141010_628936. html.

［7］全国老龄办．关于进一步加强老年文化建设的意见［EB/OL］．2012. http://www. cncaprc. gov. cn/contents/12/9353. html.

［8］体育总局，等．关于进一步加强新形势下老年人体育工作的意见［EB/OL］．2015. http://www. sport. gov. cn/n16/n2061573/n2760888/7183951. html.

［9］卫计委，等．关于推进医疗卫生与养老服务相结合的指导意见［EB/OL］．2013. http://www. gov. cn/zhengce/content/2015-11/20/content_10328. htm.

［10］文化部，等．关于做好政府向社会力量购买公共文化服务工作的意见［EB/OL］．2015. http://www. gov. cn/zhengce/content/2015-05/11/content_9723. htm.

［11］国务院办公厅．关于印发社会养老服务体系建设规划（2011—2015年）的通知［EB/OL］．2011. http://www. mca. gov. cn/article/zwgk/mzyw/201112/20111200247654. shtml.

［12］国务院．关于加快发展养老服务业的若干意见［EB/OL］．2013. http://www. gov. cn/zwgk/2013-09/13/content_2487704. htm.

［13］国务院．关于印发全民健身计划（2016—2020年）的通知［EB/OL］．2016. http://www. gov. gov. cn/xxgk/jbxxgk/fgwj/gjflfgjgz/201606/t20160623_417310. html.

［14］国务院．关于印发中国老龄事业发展"十二五"规划的通知［EB/OL］．2011. http://www. mca. gov. cn/article/zwgk/fvfg/shflhshsw/201305/20130500460007. shtml.

［15］教育部，等．关于加快推进养老服务业人才培养的意见［EB/OL］．2014. http://www. mca. gov. cn/article/zwgk/mzyw/201406/20140600657723. shtml.

［16］国家体育总局．体育发展"十三五"规划［EB/OL］．2016. http://

sports. people. com. cn/n1/2016/0831/c22155 - 28679446. html.

［17］国家体育总局．体育产业发展"十三五"规划［EB/OL］. 2016. http：//
news. xinhuanet. com/sports/2016 - 07/13/c_1119214776. htm.

［18］李克强．第十二届全国人民代表大会第四次会议政府工作报告［EB/
OL］. 2016. http：//china. huanqiu. com/hot/2016 - 03/8656194. html.

［19］国务院办公厅．关于加快发展健身休闲产业的指导意见［EB/OL］.
2016. http：//www. gov. cn/zhengce/content/2016 - 10/28/content_5125475. htm.

致　谢

　　从 2003 年进入湖南师范大学体育学院就读硕士研究生到如今博士毕业，我与湖南师范大学体育学院的联结已有 15 年的时间。15 年的光阴里，我从一个血气方刚的青年成长为一个成熟稳健的中年男人，从一位中学体育教师成长为一名大学体育院校的专任教师，从一名普通员工成长为单位的骨干。博士毕业之际，回顾 15 年的成长历程，思绪万千，感慨良多，心怀感恩。

　　成长的过程总是伴随着汗水与心血，15 年期间既有自己的坚持与努力，也离不开亲朋好友们的支持与帮助，更离不开与我有着 15 年亲密联结的湖南师范大学体育学院和湖南工业大学体育学院对我的培养。

　　感恩师大体院给我提供了求学的平台，在这里我顺利完成了自己的硕士与博士学业，从一名半路出家的体育教师成长为一名具备体育专业知识的体育人。感谢恩师金育强教授给予我学业与生活上的指导与关心。从硕士到博士，在师大追随导师求学的 7 年时间，导师清正儒雅、豁达大度、包容宽厚、低调内敛的人品，学贯中西、兼蓄并收、渊源深厚的学识都对我影响深远；感谢师母许之屏教授的鼓励及对我和家人的关心与生活上的照顾；感谢汤长发教授在"非典"那一年把我领进了师大体院的求学之门，正是因为有了您的帮助，我才有机会成为一个真正的体育人；感谢在师大求学期间所有的任课教师，感谢你们所传授的知识和辛勤付出；感谢论文从开题

252

到答辩过程中给予我指导的李艳翎教授、马卫平教授、罗湘林教授、贺昭泽教授，还有很多其他学院与学校的专家；感谢研究生招生办公室的张翔老师、龙博师妹，感谢读博期间你们细致周到的服务以及为在职博士生额外的付出；感谢师弟师妹们对我论文修改的帮助。

感恩湖南工业大学体育学院给我提供了实践与成长的平台，在工大的 12 年是忙碌、奋斗与拼搏的 12 年，是我硕士毕业以来为体育教育事业挥洒青春与汗水的 12 年，也是让我成长并日渐成熟的 12 年。感谢湖南工业大学体育学院的领导班子对于我工作与学业的支持，感谢刘亚云院长十多年来对我的悉心培养与无私的支持，感谢工大一批志同道合的兄弟姐妹们对我工作、学业与生活上的支持与帮助，奋斗与拼搏的旅途上因为有了你们的携手同行平添了许多的温暖与感动。

感谢我的研究生刘晴与吴开霖在毕业论文调研与写作过程中所做的一些辅助性的工作，通过参与这些工作，老师很欣慰地看到你们在体育科研上的成长与进步；感谢协助论文问卷调查与访谈工作的工大 2016 级、2017 级的研究生们，调查资料的获取工作得以顺利进行，你们付出了大量的时间与精力。

最后，还要特别感谢我的爱人和女儿。尤其是我的爱人，感谢她对于孩子的教育以及在我学业与事业上的付出，感谢她二十多年来亦妻亦友的陪伴，更要感谢她在我毕业论文最后阶段协助我所做的一些繁杂的工作。论文最后能够顺利参加答辩，其中也有她的部分智慧与心血。感谢女儿对于老爸工作和学业的支持与理解，多年来一直忙忙碌碌，对于家庭和女儿关心陪伴不够，内心十分歉疚。所幸有你们的包容和理解，才有我今天的学有所成。感谢你们，我至爱的亲人！

书山有路勤为径，学海无涯苦做舟。一篇博士论文的完成让我充分体验到了从事体育科研的诸多艰辛，也让我品尝到了在学术海洋中遨游的充实与满足。学然后知不足，博士论文虽然如期完成，但自己也意识到论文还有许多需要完善和进一步深入发掘的地方。雄关漫道真如铁，而今迈步从头越。此去经年，在体育科研的道路上，吾将鼎力前行，不懈求索，并以此来回报以上给予我厚望和支持的恩师、家人和朋友们。

2018 年 11 月 10 日